애런 월터 **Aarron Walter**

감성 디자인

DESIGNING FOR EMOTION
By A Book Apart
Copyright © 2011 by Aarron Walter
Korean Translation Edition © 2013 by Webactually Korea, Inc.
All Rights Reserved.

이 책의 한국어판 저작권은 저작권자와의 독점 계약으로 웹액츄얼리코리아(주)에 있습니다.
저작권법에 의해 한국 내에서 보호를 받는 저작물이므로 무단 전재와 복사 · 복제를 금합니다.
이 책 내용의 전부 또는 일부를 사용하려면 반드시 저작권자와 웹액츄얼리 북스팀의 서면 동의를 받아야 합니다.

감성 디자인

초판 인쇄 2013년 3월 15일
초판 발행 2013년 3월 20일

저자 애런 월터
옮긴이 임재원, 웹액츄얼리팀
감수자 백성원, 김정원

펴낸곳 웹액츄얼리코리아(주)
주소 서울 서초구 반포동 721-2 모모빌딩 B1
전화 (02)542-0411
팩스 (02)541-0414
웹사이트 books.webactually.com
페이스북 fb.com/webactually
트위터 @webactually

교정 · 교열 이현숙
편집디자인 커뮤니케이션 꾼

가격 15,000원
출판 등록 제321-251200900217호
ISBN 978-89-963498-5-3 03560

잘못되거나 파손된 책은 구입하신 곳에서 교환해드립니다.

TABLE OF CONTENTS

1	CHAPTER 1	감성 디자인
23	CHAPTER 2	사람을 위한 디자인
41	CHAPTER 3	개성
65	CHAPTER 4	감성적 교감
89	CHAPTER 5	본능과의 한판 대결
107	CHAPTER 6	용서
115	CHAPTER 7	위험과 보상
131		감사의 말
134		참고 자료
137		참조
139		인덱스

출간에 앞서

우리의 본능은 기존 것과 다르면 위험하다고 느끼지만 진짜 큰 위험은 경쟁업체와 같아지는 것이다.

애런 월터 Aarron Walter

'아름다운 웹사이트 만들기' 시리즈의 다섯 번째 책, 《감성 디자인》을 소개합니다. 이 책에서 말하는 감성 디자인은 웹사이트를 위한 것이지만, 일상생활 속 물건에서도 쉽게 발견할 수 있습니다. 산업혁명으로 말미암아 기계적인 방식으로 대량 생산된 물건만 접하던 사람들이 좀 더 인간다운 것을 원하기 시작했습니다. 단순히 기능을 넘어서서 감성적인 자극을 주는 기분 좋은 물건에 더 매력을 느끼고 구매하게 된 것이죠.

그동안의 웹디자인 산업은 디자인과 사람에 대한 철학보다는 단순히 사이트가 잘 보이게 만드는 것에 치중했습니다. 사용자 경험에 충실한 기능적인 사이트를 시도하는 긍정적인 시기도 있었지만, 비슷비슷한 디자인의 사이트가 대량으로 쏟아지게 되었습니다. 웹디자인계의 급격한 산업혁명 시기라 할 수 있습니다. 스톡 이미지(대여 이미지)로 만들어진 웹사이트는 공허한 화려함만을 가져왔습니다. 고유의 브랜딩과 요구를 충족하기보다는 각종 정보가 단순히 나열된 수준의 웹사이트였던 거죠. 아직도 많은 웹디자이너가 이러한 제작 과정을 그대로 답습하는 듯합니다.

지금 웹디자인 산업은 또 한번 혁신의 단계에 접어들었습니다. 기계적인 사이트를 접하던 사용자들은 안목이 높아졌고 사이트가 그만큼 더 많은 것을 해주기를 원하고 있습니다. 예쁘고 기능적이면서도 재미와 감동을 주는 감성적인 사이트에 더 이끌리게 된 것이죠. 그렇지 않은 사이트들은 외면받기 시작했습니다.

이 책은 사이트가 더는 사용자에게 외면받지 않고 사랑받는 방법을 제시합니다. 바로 웹사이트 디자인에 감성을 추가하는 방식으로 말이죠. 진정 사용자를 위한 웹디자인 시대가 온 것입니다. 물론 이 작업은 절대로 쉽지 않습니다. 감성 디자인은 문구나 사진, 디자인 스타일만 바꾼다고 해서 완성되는 것이 아니기 때문이죠.

메일침프MailChimp의 사용자 경험 수석 디자이너였던 애런 월터는 우리가 작업할 감성 디자인에 대해 좀 더 '사람'을 표현해야 한다고 말합니다. 저자의 말처럼 웹디자이너로서 우리는 "단지 페이지를 디자인하는 것이 아니라, 인간적인 경험을 디자인"하는 사람이어야 합니다. 그럴수록 우리의 사이트는 더 오래 기억에 남을 것이고, 사람들의 신뢰를 얻어 오래 지속되는 사이트가 될 수 있을 것입니다.

국내의 웹디자인 산업 종사자들이 이 책을 읽고 디자인에 대한 많은 통찰력과 따뜻한 감성을 갖게 되어, 사용자에게 사랑받는 웹사이트를 만들게 되기를 진심으로 바랍니다.

웹액츄얼리 북스팀(books.webactually.com)

감수자 인사말

사용자 경험User eXperience을 제쳐두고 디자인을 논할 수 없는 시대다. 모바일 혁명이 가져온 과도한 경쟁 속에서 주목받는 서비스를 만들려면 사용성이 중시되는 기존의 UX를 뛰어넘는, 특별한 UX디자인이 필요하다. 그것은 사용성을 넘어서 고객에게 안겨줄 '잊지 못할 경험'Unforgettable eXperience을 디자인하는 것이다.

《감성 디자인》은 '아주 특별한 경험 디자인'의 생생한 사례와 이를 뒷받침하는 체계적 이론을 빼곡하게 담았다. 따라서 디자이너뿐만 아니라 서비스 기획 · 전략, 브랜딩 전문가들조차도 이 책을 사랑하게 될 것이다. "제품이 바로 사람"이라는 저자의 말처럼 이 책이 바로 사람, 그것도 아주 매력적인 사람이기 때문이다.

백성원
서울대학교 산업디자인학과를 졸업하고,
온 오프라인을 넘나들며 다양한 영역에서 활동했다.
현재 kth UXD실장으로 재직 중이다.

감수자 인사말

산업디자인에서는 이미 오래전부터 심리학 측면을 고려하여 제품을 디자인하고 있다. 이렇게 만들어진 제품이나 브랜드에 퍼스낼리티를 부여하기 위해 다양한 노력을 아끼지 않고 있다. 세상에 넘쳐나는 제품 중에서 소위 '잇(It)' 아이템으로 인식되게 하거나 마니아층까지 형성되게 하는 비밀은 무엇일까? 그것은 바로 소비자의 '감성'을 자극하는 요소가 있기 때문이다.

산업디자인에 비하면 웹디자인의 역사는 비록 짧지만 많은 업적을 이루어 내고 있다. 웹에서도 이제 단순한 심미성을 넘어 사용성이 강조된 사이트가 제작되고 있다. 하지만 저자 애런의 말을 빌리면 사용성만 있는 웹은 그저 '맥도널드 버거' 수준의 경험을 제공한다고 할 수 있다. 맛있고, 분위기도 좋고, 종업원도 친절해서 또 찾아가고 싶고, 지인들에게도 추천하고 싶어지는 수준의 경험을 제공하는 웹사이트를 만들려면 무엇을 해야 할까?

애런 월터의 새 책 《감성 디자인》에서는 웹사이트에 개성을 입히고, 감성적인 교감을 부여하여 특별한 경험을 제공하는 다양한 사례를 소개하고 있다. 저자는 작은 부분부터 바꿔보기를 권하고, 단계별 방법을 제안한다. '감성 디자인'을 경험한 사용자가 웹사이트에 어떤 긍정적인 영향을 미치는지도 확인할 수 있다.

김정원

영국 던디대학교 그래픽디자인과를 졸업하고, 디자인하우스를 거쳐 현재 웹액츄얼리코리아에서 디자인팀장으로 일하고 있다. 종이의 감성적인 면과 디지털의 편리성에 매료되어 두 매체 간의 연관성을 찾는 작업에 관심이 많다.

서문

우리는 우리가 만든 작업물이 다른 누구의 것보다 돋보이기를 원합니다. 우리가 만든 작업물들로 인해 사람들이 아주 멋진 경험을 하기를, 그래서 모든 사람에게 말하고 싶은 감정을 가지길 원합니다. 우리는 우리가 만든 것이 주목받기를 원합니다.

이런 주목성을 추구하는 사람들은 종종 아주 짧은 순간에 얻곤 합니다. 어떤 사람들은 아주 즐겁게 잡담을 하며 소수의 게으름뱅이들이 과장되게 "자아아알 지이이이 내애애WHAAATS AAAWWP1?"라고 말하는 30초짜리 슈퍼볼superbowl 광고2를 만드는 듯한 단순한 과정에서 주목성을 얻습니다. 또 사람들은 스케이트보드를 타는 개가 나오는 최근 유행하는 동영상viral video3에서 주목성을 얻습니다. 이런 주목성은 모두 순간적으로 얻어지는 것입니다.

진정한 가치는 이 주목성을 계속 유지할 때 옵니다. 우리가 만든 작품을 지속적으로 토론할 가치가 있다고 느끼게 만들 때. 몇 주, 몇 달, 몇 년 동안 우리의 일에 관련된 사람들이 그들이 만나는 모든 사람에게 작품을 찬양하는 때입니다.

이 주목성이 장기간 지속되면 홍보 세계의 궁극적인 목표인 입소문

---

[1] "What's up?"의 구어체적 표현으로, "무슨 일이야?", "잘 지내?"를 의미함.
[2] 2009년 제작된 버드라이트 광고에서 친구들이 맥주를 마시며 슈퍼볼을 관람하다가 서로에게 전화를 걸어 "와~썹~?"이라며 과장된 인사를 나눈다.
[3] viral은 virus와 oral의 합성어로, 바이럴 마케팅은 입에서 입으로 퍼져 나가는 마케팅을 말함. 2007년 아이폰 광고는 아이폰으로 유튜브 사이트에 접속해 스케이트보드를 타는 강아지의 동영상을 보는 장면을 삽입했다.

을 낳습니다. 우리가 입소문의 고지에 도달했을 때, 말하자면 소비자가 우리 브랜드를 인지할 때 우리는 브랜드의 인기가 높아지는 동시에 매출이 늘어나는 것을 보게 됩니다. 이런 현상은 비즈니스 모델을 구분하지 않습니다. 하지만 이 주목성은 우리가 즐거움이라는 봉우리에 도달했을 때라야 나타납니다. 사람들은 정말 즐거운 것만 다른 사람에게 추천합니다. 장기간 주목성을 얻고 싶다면 장기간에 걸쳐 즐거움을 만들어내야 한다는 뜻입니다.

이 책에서 애런Aarron은 (감히 이런 말을 해도 될지 모르겠지만) 비범한 일을 합니다. 그의 도움을 받아 우리는 정서적인 교감을 일으키는 디자인을 시작할 수 있습니다. 이 책에서 우리가 추구하는 장기적인 효과, 지속적인 즐거움을 만들어낼 수 있을 것입니다.

애런의 말을 귀담아 들으세요. 애런은 이 책을 수많은 연구와 이론을 쉽게 접근할 수 있는 종합선물세트로 엮었습니다. 이 선물세트만 있으면 여러분만의 디자인을 창조하는 여행을 떠날 수 있습니다. 이 여행에서 여러분은 사용자의 긍정적인 감성적 반응을 이끌어내는 디자인을 창조할 수 있을 것입니다. 이 여행은 여러분을 주목성을 훨씬 능가하도록 해 줄 것입니다.

제러드 스풀Jared Spool
사용자 인터페이스 엔지니어링User Interface Engineering [4]의 CEO이자 설립 의장

---

[4] 사용자 인터페이스 연구단체. 웹 애플리케이션, UIE 코칭, 콘퍼런스 등의 활동을 펼치고 있다.

저자 인사말

《감성 디자인》을 한국에 소개할 수 있게 되어 매우 기쁩니다. 정통 심리학에서 사례 연구까지, 그리고 고급 개념에서 일반 상식까지 다루는 이 책은 쉽고도 기억하기 쉬운 방법으로 휴먼 디자인의 노하우를 알려줍니다. 이 책을 읽고 사용자를 여러분의 사이트에 매료시키도록 하십시오.

제프리 젤드먼과 애런 월터

We are pleased to present the publication of *Designing for Emotion* in Korea. From classic psychology to case studies, highbrow concepts to common sense, this book demonstrates accessible strategies and memorable methods to help you make a human connection through design. Read this book, and make your users fall in love with your site.

Jeffrey Zeldman and Aarron Walter

제 삶에서 가장 의미 있는 감성을 선물한
제이미와 올리비에에게 이 책을 바칩니다.

감성 디자인

혁명: 우리가 얻은 것과 잃은 것

아이디어와 혁신의 연쇄반응으로 추진된 산업혁명은 18세기 후반부터 19세기에 걸쳐 서구 사회를 휩쓸었습니다. 이 시기에 우리는 비교적 짧은 시간에 생산 도구와 운송 체계, 농기구를 만들어내는 방법을 찾아낼 수 있었습니다. 이는 20세기의 폭발적인 혁신을 가속시켰습니다. 조면기[1], 전동 공구, 증기기관, 전신기와 전화기 등이 발명되었고, 우리 앞에는 새로운 번영의 기회로 가득한 장밋빛 미래가 약속된 듯했습니다.

산업혁명이 인류 진보라는 이상적인 비전에서 비롯된 것은 맞지만, 그 흐름에서 소외된 사람들도 분명 존재했습니다. 대장장이와 구두 수선공, 양철공, 방직공 등 많은 사람이 서서히 일자리를 공장에 빼

[1] 목화의 씨를 빼거나 솜을 트는 기계

앗긴 것입니다. 공장에서는 더 낮은 비용으로 더 빠르게 제품을 생산할 수 있었기 때문이죠. 세상은 인간 대신 기계가 자리 잡게 되면서 사람의 손길을 거친 생활용품은 서서히 사라져갔습니다.

그런데 진보를 향한 이 맹목적인 행진에 제동을 건 사람들이 있었습니다. 바로 19세기 후반 윌리엄 모리스William Morris를 주축으로 일어난 미술공예운동the Arts and Crafts movement 2입니다. 미술공예운동은 공장의 대량생산에 밀려 점점 설자리를 잃어가던 가내수공업에 종사하는 공예가의 역할과 인간적 감성을 보존하는 길을 모색했습니다. 그들은 공예가들이 고안하고 만들고 매일 사용하던 물건을 보존했습니다. 공예가들의 정체성이 담긴 작품은 공장에서 생산되는 물건과 달리 오랜 세월에 걸쳐 누릴 수 있는 진정한 선물이라는 것을 인지한 것이죠.

이와 비슷한 일들은 지금도 쉽게 찾아볼 수 있습니다. 높은 곡물 수확량과 낮은 제조 원가를 요구받는 대형 농장들은 인간의 안녕과 자신의 이윤을 저울질합니다. 생각이 없는 멍청한 기업이 되어가는 것입니다. 반면 지역 농민들은 소비자가 찾고 있는 것처럼 사람이 만든 사람을 위한 식품을 판매하는 새로운 시장을 탐색하고 있습니다.

일회용품의 소비를 권장하는 창고형 할인점도 있습니다. 하지만 자신이 디자인하여 만든 작품을 판매하는 화가와 공예가, 그리고 DIY 발명가를 지원하는 엣시Etsy와 킥스타터Kickstarter 같은 웹사이트도 있습니다. 이 사이트를 이용하는 고객들은 단순히 물건을 구매하는 것이 아닙니다. 대량생산되어 똑같은 생김새를 자랑하는 물건이 아니

---

[2] 기계만능주의가 생활 속의 미를 파괴할 것이라는 우려에서 가구, 직물, 문자 디자인, 제본 등 다양한 분야에서 '수공업'이 지니는 아름다움을 회복시키려고 했던 공예개혁 운동

라 만든 이의 개성이 담긴 자기만의 이야기가 있는 물건과 함께 살아가는 기회를 잡는 것입니다. 또한 창조적 사고와 (기업이 아닌) 가족을 지원하는 것이며, 이것은 아주 즐거운 경험이 됩니다.

우리 웹디자이너들도 비슷한 상황에 있습니다. 장인정신이라든가 사용자와의 교감 따위에는 전혀 신경 쓰지 않고, 짧은 시간에 싸구려 사이트를 제작해야 하는 경우가 많습니다. 상투적인 사진과 표준 서식, 그리고 어디에나 어울리는 그렇고 그런 문구로도 얼마든지 새로운 프로젝트를 수행할 수 있죠. 이렇게 우리는 우리의 일을 그저 상품 경쟁의 장으로만 의미를 부여할 수도 있습니다. 산업혁명을 만들어낸 이들처럼 말이죠. 그런 종류의 작업을 위한 시장 또한 분명 존재합니다.

하지만 우리는 좀 다른 길을 갈 수도 있습니다. 화가와 디자이너, 미술공예운동의 창시자들이 닦아놓은 그 길 말입니다. 그들은 인간적 감성을 보존하고 작품에 자신의 개성을 반영하는 것을 선택이 아니라 필수라고 믿었습니다.

웹 업계에 종사하는 이들 중 상당수는 이미 이 길을 가고 있습니다. 저는 이렇게 말할 수 있는 것을 개인적으로 매우 기쁘게 생각하며, 몇 가지 원칙을 예로 들어 여러분을 그 길로 안내하고자 합니다. 이는 감성 디자인을 꿈꾸는 이들에게 있어 사용자와 인간적으로 하나가 되는 방법일 뿐만 아니라 성공적인 비즈니스 비법이기도 합니다. 이러한 원칙에는 공통점이 있는데, 바로 감성 디자인입니다. 감성 디자인은 심리 작용과 장인의 기술을 통해 사용자로 하여금 기계가 아니라 사람과 교감하고 있다고 느끼도록 하는 어떤 경험을 만들어내는 것입니다.

우리가 감성 디자인을 모색하고 새로운 목소리로 사용자와 이야기할 수 있기까지 발전하는 데는 오랜 시간이 필요했습니다. 옛날 옛적 웹이라는 것이 오늘날 우리가 누리는 것과는 상당히 달랐던 시절, 우리의 목소리는 지금과 상당히 다를 수밖에 없었습니다. 우리답다는 것이 무엇인지, 어떻게 하면 우리답게 되는지를 미처 배우지 못했었기 때문이죠. 말하자면 당시 우리는 우리다운 모습을 유지하기보다는 기계가 되려고 노력했습니다.

우리 모습 그대로

초창기 웹은 정서적인 접점을 구축하기가 쉽지 않았습니다. 지리적으로 멀리 떨어진 곳에 있는 사람들을 서로 연결했다는 점에서는 많은 칭찬을 받았습니다만…… 웹은 탄생 자체가 학계의 필요에 의한 것이었습니다. 정말이지 무미건조한 태생이죠. 곧 웹은 '닷컴 버블 dot-com bubble [3]'식 사고의 온상이 되었고, 업계의 선구자들은 자신의 성공을 축하하기 위해 새로운 술집을 찾아다니기 바빴습니다.

1990년대 후반 제 개인 웹사이트에 썼던 문구를 기억합니다. 저는 언제나 위풍당당한 용어 '우리'를 사용했는데, 개인이 아니라 대형 업체라는 인상을 주기 위해서였습니다. '우리'라는 말 뒤에 숨은 존재는 냄새 나는 잠옷을 입고 침실에 누워 HTML이 뭔지 이해하려고 애쓰는 한 남자에 불과했는데 말이죠. 그때의 저는 저다워지려고 하지 않았습니다. 저기 어딘가에 있는 큰손들처럼 되고 싶었죠.

하지만 하룻밤 새 상황이 급변했습니다. 닷컴 버블은 붕괴했고, 이후 실직하거나 해고된 사람들은 모두 새로운 회사를 창업하거나 잠

[3] 1990년대 중반부터 IT 분야가 급성장하면서 나타난 주가 상승 등의 경제 현상

옷 차림으로 침실에 처박혀 새로운 웹사이트나 애플리케이션을 만들었습니다. 그러자 놀라운 일이 일어났습니다. 어쩌면 어깨너머로 감시하는 사장이 없었기 때문일 수도 있습니다. 혹은 다들 자신의 영혼을 고양할 만한 무언가가 필요했을 수도 있었겠죠. 이유는 확실하지 않지만 한 가지 확실한 것은, 이 새로운 사이트들의 목소리가 이전보다 조금은 더 개인적이라는 점이었습니다.

이러한 시기에 플리커Flickr가 론칭했습니다. 널리 알려져 친숙하고, 사랑스러운 카피는 많은 사람을 미소 짓게 했습니다. 또한 페이스북Facebook이나 트위터Twitter 같은 새로운 소셜 네트워크의 등장은 웹의 목소리에 영향을 미쳤습니다. 사용자끼리 일상의 조각들을 공유하게 되었기 때문입니다. 이 말이 그다지 심오하게 들리지 않을 수도 있습니다. 하지만 우리가 웹에서 소통하는 방식이 완전히 변화했다는 것을 의미합니다. 소셜 네트워크가 등장하기 이전에는 전문성을 가지고 있어야 웹에서 떠드는 말을 인정받을 수 있었습니다. 오늘날은 웹에서의 대화가 실제 세계에서 일어나는 친구와의 대화보

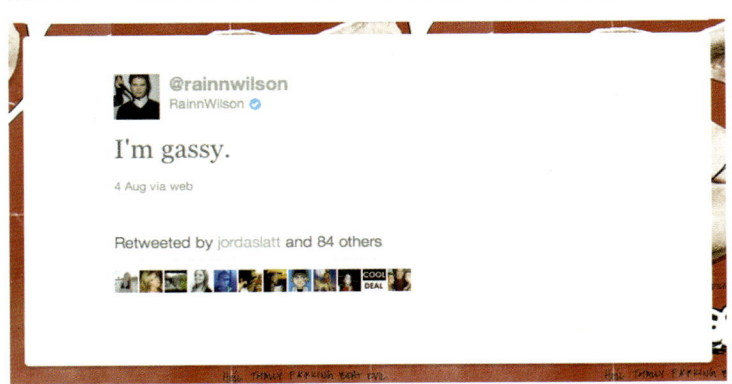

그림 1.1: 친애하는 레인 윌슨Rainn Wilson, 너무 많은 정보는 알고 싶지 않네요.

다 더 진솔한 경우가 많습니다. 물론 약간 절제가 필요할 때도 있습니다(레인 윌슨[Rainn Wilson 4], 바로 당신 말이에요. http://bkaprt.com/de/1; 그림 1.1).

전문성이라는 베일을 걷어내자 일상에 양념이 되는 유머라든가 짜증, 걱정, 스트레스 등 여타 모든 감정이 드러나게 되었습니다. 3장에서 보게 되겠지만, 이러한 진솔함 덕분에 우리는 비즈니스에 개성을 부여할 수 있게 되었습니다. 사용자 역시 자신이 방문하는 웹사이트와 웹 애플리케이션이 어떤 인격을 반영하기를, 그리고 자신이 그 인격과 관계를 맺을 수 있기를 기대하기 시작했습니다.

이 책은 참으로 인간적이면서도 개성 있는, 진정한 인격을 반영하면서도 진솔한 디자인 감수성을 드러내는 알찬 사례를 제공합니다. 물론 이 모든 것은 비즈니스를 염두에 둔 것입니다. 여러분은 상사의 혈압을 올리지 않고 감성 디자인 기술을 실행하는 것이 과연 가능할지, 가능하다면 과연 어떻게 하는 것인지 등을 염려할지도 모르겠습니다. 우리는 현실적으로 실현 가능한 사례들을 살펴볼 것입니다. 우리는 이 책을 여러분이 감성 디자인 기법을 다음 프로젝트에 바로 이용할 수 있도록 격려하고 지원하기 위해 집필했습니다. 또한 감성 디자인의 실증적인 사례를 만들어낼 수 있도록 여러 데이터를 공유할 것입니다.

명심하세요. 인간의 욕구를 무시하는 것은 반복되는 불행한 역사 같은 것이 아닙니다. 우리는 디자인을 통해 사람과 마주 보며 소통할 수 있습니다.

[4] 미국의 연기자이자 코미디언

그럼 어디서부터 시작해야 할까요? 유능한 사용자 경험 디자이너처럼 우리 디자인의 혜택을 입을 사람의 욕구를 이해하는 것으로 시작하도록 하겠습니다.

반가워요, 매슬로

1950~60년대에 활동한 미국의 심리학자 에이브러햄 매슬로^{Abraham Maslow}는 우리가 이미 알고 있었지만 말로 옮기지 못한 명제를 발견했습니다. 모든 인간에게는 나이나 성별, 인종, 혹은 사회적 지위를 막론하고 채워야 하는 기본적인 욕구가 있다는 것입니다. 매슬로는 자신의 아이디어를 욕구단계이론^{Hierarchy of Needs}이라고 이름 붙인 피라미드로 표현했습니다(그림 1.2).

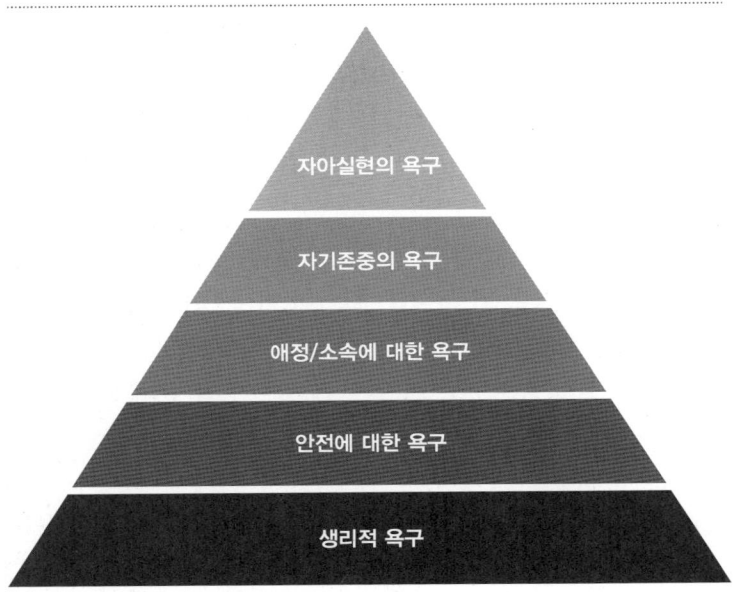

그림 1.2: 매슬로의 욕구단계이론

감성 디자인

매슬로는 이 위계의 가장 아래에 있는 생리적 욕구가 가장 먼저 충족되어야 한다고 강조했습니다. 숨 쉬고, 먹고, 자고, 용변을 해결하는 등의 욕구가 우리 삶의 다른 모든 욕구를 앞선다는 것입니다. 생리적인 욕구가 만족되면 안전에 대한 욕구가 필요해집니다. 신체적인 위험이라든가 가족, 재산, 혹은 직업을 잃을 수도 있다는 위험을 느낀다면 행복할 수 없기 때문이죠.

다음으로는 소속감이 필요합니다. 우리는 다른 사람들과 친밀하게 결합해 있고 사랑받고 있다고 느끼기를 원합니다. 이렇게 우리는 다음 단계, 즉 자아의식, 타인에 대한 존경심, 그리고 자존감 단계에 이릅니다. 이 모든 것은 우리가 단순히 삶을 사는 것이 아니라 삶을 잘 살아갈 수 있도록 합니다.

매슬로의 피라미드에서 가장 꼭대기를 차지하는 것은 좀 광범위하지만 아주 중요한 범주인 자아실현의 욕구입니다. 이 욕구는 창조적인 일을 하거나 문제를 해결하려는, 그리고 다른 이에게 도움이 되고자 하는 윤리적인 규범에 관한 것입니다. 매슬로는 다른 욕구를 모두 해결하고 나면 비로소 이 욕구를 채울 수 있다고 합니다.

매슬로의 욕구단계이론은 인터페이스 디자인의 목적을 설정하는 데도 도움이 됩니다. 욕구 피라미드에서 아래쪽의 세 단계인 생리적인 편안함, 안전, 소속감만 채워져도 우리는 분명 만족스러운 삶을 살 수 있습니다. 하지만 진정으로 충만한 삶을 살 수 있는 요건은 피라미드의 꼭대기 층에 있다는 것입니다.

인터페이스 디자인은 인간을 위한 것입니다. 매슬로의 모델에 우리 사용자의 욕구를 대입해보면 어떨까요? 아마 그 모델은 다음과 같을 것입니다(그림 1.3).

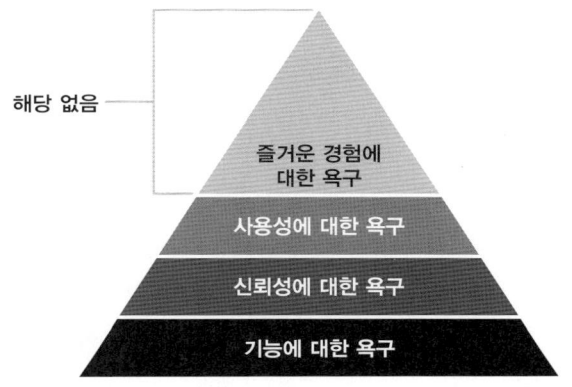

그림 1.3: 매슬로의 욕구단계이론을 사용자의 욕구에 맞추어 다시 정리할 수 있습니다.

기초를 탄탄하게

사용자의 욕구를 충족시키기 위해서는 인터페이스가 기능적이어야 합니다. 사용자가 애플리케이션으로 자신이 원하는 일을 완수할 수 없다면 이 애플리케이션은 분명히 사용자의 외면을 받을 것입니다. 애플Apple이 핑Ping 서비스를 출시했을 때를 기억하세요? 아이튠즈iTunes 음악 라이브러리를 중심으로 소셜 네트워크를 구축하고자 했던 서비스인데, 한마디로 완전한 실패작이었습니다. 여러 이유가 있었겠지만, 트위터나 페이스북 친구와 음악을 공유할 수 없었던 것이 가장 큰 실패 요인이었죠. 사용자들은 새로운 시스템에 이러한 기본적인 기능이 부족하다는 것을 알고는 대부분 이를 다시는 사용하지 않았습니다.

인터페이스는 기능적일 뿐만 아니라 신뢰할 수 있어야 합니다. 트위터의 초창기 시절에는 서버가 다운되거나 과부하되었을 때 나타나는 'fail whale'이 있었습니다. 이는 트위터의 신뢰도를 떨어뜨려 많은 사용자로 하여금 트위터를 싫어하게 만들었습니다. 웹 서버나 제공하는 서비스를 신뢰할 수 없다면 사용자는 곧 그 사이트를 떠날 것입니다.

또한 인터페이스는 사용성이 좋아야 합니다. 기본적인 과제 수행 방법을 손쉽게 배울 수 있어야 합니다. 사용법을 여러 번 배워야 한다면 그 인터페이스는 사용성이 떨어진다고 할 수 있습니다. 온라인에서 항공권을 예약해본 적이 있나요? 그렇다면 장담하건대 매 페이지가 로딩되는 동안 욕이 튀어나오는 장소가 다섯 군데 정도 정해져 있을 것입니다. 여러분만 당하는 일이 아닙니다. 다행히도 힙멍크Hipmunk 5가 새로운 온라인 여행 예약을 위한 전문 사이트를 설치했네요.

사용성이 인터페이스 디자인의 정점을 차지한 것은 오래된 일입니다. 사실 좀 우울한 이야기이긴 하죠. 우리 업계에서는 사용성만 좋아도 아주 잘 만든 인터페이스로 간주합니다. 우리의 성공 잣대를 자동차 업계에 그대로 적용한다면 우리는 AMC사의 1978년산 페이서Pacer 6를 보고도 황홀해하는 꼴입니다.

많은 웹사이트와 애플리케이션은 더 나은 경험을 만들어내고 있습니다. 이들은 욕구단계이론의 피라미드를 다시 그리고 있는데, 꼭대기 칸에는 즐거움, 재미, 만족감, 기쁨 등이 포함되어 있습니다. 중요한 과제를 완수하는 데 도움이 되고 미소마저 머금게 하는 인터페이스가 있다면 어떨까요? 그 영향력은 정말이지 강력할 것입니다! 친구에게 추천하고 싶은 경험이 되겠죠. 퍼뜨릴 만한 가치가

---

5 항공권 조회 및 예약 사이트(http://hipmunk.com)
6 못생긴 자동차로 유명한 아메리칸 모터스 코퍼레이션(American Motors Corporation)의 소형차. '가장 이상한 디자인의 차' 설문조사에서 1위를 차지하기도 했다.

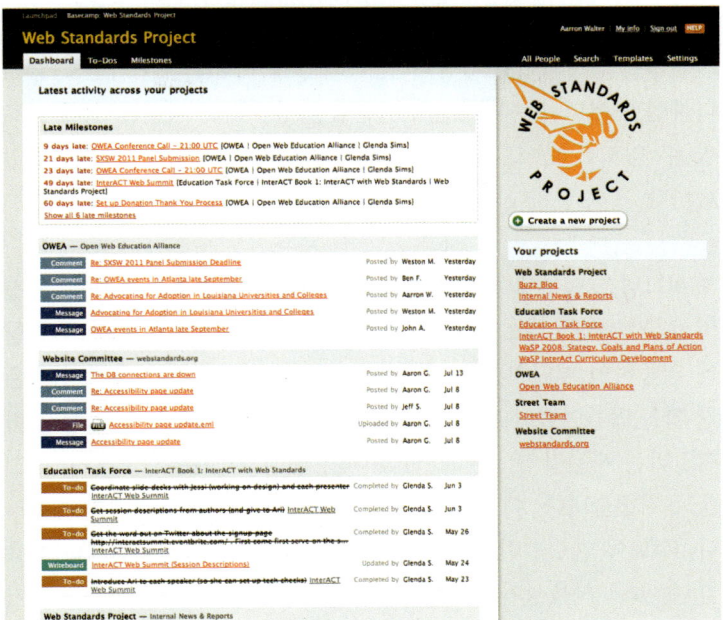

그림 1.4: 프로젝트 관리 웹 애플리케이션인 베이스캠프(http://basecamp.com)

있는 아이디어가 되는 것입니다.

우리에게는 디자인의 성공 여부를 가늠하는 새로운 척도가 필요합니다. 우리는 정말 특별한 경험을 만들어내기 위해서는 사용성을 뛰어넘을 수도 있습니다.

사용성을 넘어 즐거움으로

웹 관련 업계에 있는 사람이라면 아마도 37시그널즈[37Signals]의 간편한 프로젝트 관리 앱인 베이스캠프[Basecamp]를 사용해본 적이 있을 것입니다(그림 1.4).

감성 디자인 **11**

베이스캠프를 개발할 당시 37시그널즈의 디자인 철학은 단순성과 사용성에 집중되어 있었습니다. 《Getting Real》[7]에 요약된 그들의 디자인 아이디어는 디자인의 단순함을 유지하고 작업을 쉽게 완료할 수 있도록 했고, 이는 많은 웹 전문가들에게 영감을 불어넣었습니다.

37시그널즈 덕분에 우리는 욕구 피라미드의 아랫부분인 사용성, 신뢰성, 기능성을 다룰 수 있게 되었습니다. 그들은 단순함과 엄격함에 열중하여 대단히 기능적이고 신뢰할 수 있으며, 사용하기 좋은 웹 앱을 만들어냈습니다. 새로운 기능을 추가하거나 작업 흐름을 바꿔달라는 사용자의 요구도 있었지만, 베이스캠프는 오리지널 버전을 유지했습니다. 이것은 그들의 강점이기도 하고 약점이기도 합니다. 수년이 흘렀지만 크게 변하지 않은 인터페이스는 언제나 예측할 수 있고 사용성이 좋으며, 사용자가 새롭게 뭔가를 배울 필요가 거의 없게 만듭니다. 하지만 진화하지 않는 인터페이스는 사용자의 요구와 교감하지 못하는 위험이 있습니다. 이는 디자인에 대한 생각에서도 마찬가지입니다. 초창기에는 37시그널즈의 디자인 철학이 우리의 지표였지만, 웹의 지형이 변함에 따라 우리와 웹의 관계 또한 변하고 있습니다. 단순하고 사용성이 좋은 것도 좋지만, 우리가 성취할 수 있는 부분은 여전히 많이 남아 있습니다. 우리는 웹디자인을 즐거움의 영역으로 되돌려놓아야 합니다.

가장 기억에 남는 최고의 식사를 떠올려보세요. 그저 맛있는 식사였다는 기억 말고, 너무나 감동적이었거나 미각을 일깨웠다거나 잃었던 식욕을 되찾게 해준, 그런 멋진 식사 말입니다. 그 음식의 어떤 점이 여러분의 기억에 남았나요? 맛과 식감? 예상을 뛰어넘은 맛의

---

[7] 좋은 웹 애플리케이션을 개발하기 위한 37시그널즈의 지침을 모아둔 책(http://bkaprt.com/de/2)

조화? 혹은 예술적인 장식이라든가 세심한 종업원? 아니면 식당의 분위기? 함께한 사람들? 아마도 강렬한 감성적인 반응을 끌어낸 것은 이 중 많은 요소가 맞물려 작용한 결과일 것입니다.

이제 이렇게 생각해봅시다. 그 음식의 영양가를 생각해본 적이 있나요? 아마 생각해본 적이 없을 것입니다(만약 생각해본 적이 있다면 아직 진짜 최고의 식사를 만나보지 못한 것입니다). 그 식사는 몸이 원하는 것을 충족시킨 것이기도 하지만, 여러분의 머릿속에는 아마도 생리적 욕구 대신 오랫동안 잊히지 않을 엄청나게 즐거운 경험이 자리 잡았을 것입니다.

웹디자인에서도 이와 유사한 목표를 세워보면 어떨까요? 우리는 사용성이 좋은 인터페이스를 디자인해왔습니다. 이는 일류 요리사가 만들긴 했지만, 그냥 먹을 수 있는 정도의 음식과 같습니다. 분명 우리는 영양가가 모두 갖춰진, 먹을 수 있는 정도의 음식을 먹고 싶어 합니다. 하지만 우리는 또한 먹을 수 있는 것과는 별개로, 풍미가 좋은 음식을 열망합니다. 사용성도 좋고 즐겁기도 한 인터페이스를 만들 수 있다면 굳이 사용성에 안주할 필요는 없다는 말입니다.

이렇게 안주하지 않는 이들이 바로 우푸^{Wufoo}입니다. 그들은 사용성이 좋은 자신의 인터페이스에 재미를 더하고 있습니다.

우푸: 사용성을 뛰어넘다

사용자가 양식^{form}을 작성하고 데이터베이스에 접속하는 일을 돕는 우푸의 인터페이스에 감성 디자인이 녹아 있는 것을 볼 수 있습니다(그림 1.5). 우푸도 베이스캠프처럼 실용적인 목적에 충실합니다. 사용자는 신속한 과제 수행을 원하죠. 능숙한 전문가가 아니면 데이터베이스를 구축하고 양식을 디자인하기 어렵고 겁나는 일일 수

감성 디자인

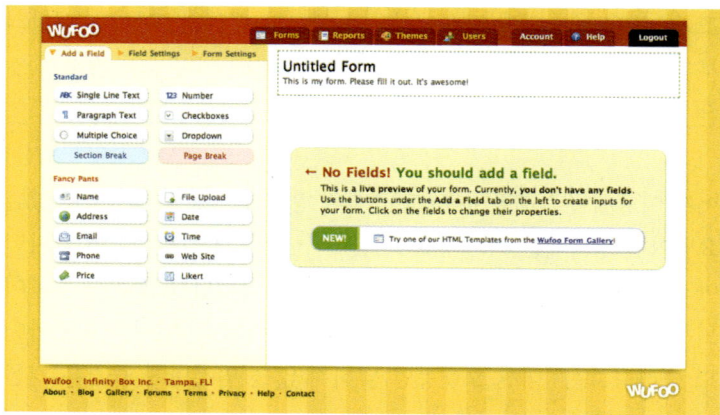

그림 1.5: 양식 작성 웹 앱인 우푸는 사용성이 좋은 것을 넘어서 재미있기까지 합니다 (http://wufoo.com).

있습니다. 하지만 우푸는 이 과정을 쉽게 만들어줄 뿐만 아니라 그 안에서 재미를 느낄 수 있게 합니다. 이것이 바로 우푸가 대부분의 경쟁 앱들과 차별화되는 점입니다.

우푸는 작업 흐름을 단순하게 유지하고 깔끔한 인터페이스에 집중합니다. 이 앱은 강력한 기능을 제공하는 한편, 틈새 고객에게는 도움이 되지만 대다수 사용자에게 혼란을 일으킬 수 있는, 모호한 기능은 완전히 배제합니다. 수백만 명의 사용자들이 셀 수 없이 많은 양식을 작성하는 것을 고려하면, 우푸는 신뢰할 만하다고 할 수 있습니다. 기능적이면서도 믿을 수 있고, 고객 다수가 만족하는 좋은 사용성을 유지하면서도 엄청나게 많은 일을 처리하는 것은 베이스캠프와 공통적인 특징입니다.

하지만 우푸의 사용자 경험은 다른 웹 앱과 큰 차이가 있는데, 바로 인간미가 느껴진다는 점입니다. 이 애플리케이션을 몇 분만 사용해

보면 이를 만든 사람들에 대해 짐작할 수 있을 것입니다. 이는 다음의 문구에 잘 드러나 있습니다.
"아아, 인간이여 감히 무슨 일을 하려는 건가![8]"
윌리엄 셰익스피어에게 경의를 표하는 이 문구는 양식 작성기가 있는 대시보드의 가장 윗부분에 표기되어 우리를 반깁니다. 또한 새 양식 상단에는 샘플이 있어 이를 간단히 변경하여 사용할 수도 있습니다.
"이것이 나의 양식입니다. 마음껏 채워 쓰세요. 끝내줘요!"가 그것입니다. 각 페이지에는 주된 색상이 있고, 산세리프 서체를 사용해 익숙하고 격의 없는 느낌을 준다는 것도 주목할 만합니다. 둥글둥글 처리된 모서리들은 만화 같은 느낌을 줍니다. 이 앱을 만든 사람들을 만난 적이 없어도 계정에 로그인을 해보면 그들이 이렇게 만든 이유를 알게 됩니다. 그들의 목소리와 세계관이 디자인에 배어 나오기 때문입니다. 소프트웨어에 불과한 우푸가 살아 숨쉬는 사람처럼 느껴지는 것이죠.

우푸의 사용자 경험 디자인의 주역이자 공동 설립자인 케빈 헤일 Kevin Hale은 디자인의 개념을 잡을 당시 우푸 사용자들의 감성을 고려했다고 말합니다.

> 우리의 색채 팔레트에 영감을 준 것은 경쟁업체들이었습니다. 우리는 많은 소프트웨어의 디자인을 살펴보았습니다. 사람들에게 "당신은 지금 창문도 없는 답답한 사무실에서 데이터베이스를 제작하고 있다"고 다시 한 번 상기시키려고 만든 것이 아닌가 생각될 정도로 우울한 경우가 많더군요. 그래서 우리가 원하는 것을 단번에 알 수 있었습니다. 바로 그들과 정반대 방향으로 가는 것이었죠.

케빈은 마음속에 자신의 디자인을 공유할 사람들에 대한 감성적

---

[8] 셰익스피어의 희곡 《헛소동》의 한 구절

인 밑그림을 가지고 있었습니다. 그들은 '창문도 없는 답답한 사무실에 있는 이들'이며, 아마도 상사가 시키는 대로 정보를 수집하고 있을 것입니다. 마감 일정에 쫓기거나 그날그날 아무런 영감도 얻지 못한 채 꾸역꾸역 일하고 있겠죠. 케빈이 만든 애플리케이션에는 분명히 인간과 같은 어떤 존재가 있는데, 마치 이렇게 말하는 것 같습니다.
"사무실이라고 답답하게 일만 하지 말고 때론 좀 즐기는 것도 괜찮아."
그는 수천 개의 차가운 회색 사무실 공간에 온기를 불어넣고 있습니다. 바로 이것이 사람들에게 잊히지 않는, 좋은 느낌을 주는 요소입니다.

우푸에는 장인의 솜씨가 있습니다. 단지 기술적으로 잘 만들어졌다는 것을 말하는 것이 아닙니다. 장인은 훌륭한 기교를 발휘하는 동시에 작품 속에 자신의 손길을 드러내는 사람입니다. 그들의 작품에는 인간적인 느낌이 물씬 풍기는데, 이는 우리가 보고 느낄 수 있는 것입니다. 마찬가지로 우푸는 사용자가 자신과 관련 있다고 느낄 만한 특정 인격을 만들어내는 데 여러 디자인 요소를 사용했습니다. 우리는 여기서 이 요소를 하나하나 나열해볼 수도 있을 것입니다. 하지만 각 부분을 합쳐놓으니 훨씬 훌륭한 결과로 나왔습니다. 4장에서 보게 되겠지만, 우푸는 고객에게 지속적인 인상을 주기 위해 정서적인 유대감을 사용합니다. 그들이 이루어낸 일의 저변에는 분명히 어떤 과학이 있습니다. 감성과 기억이 밀접하게 연관되어 있다는 것이죠.

감성과 기억

정서적 경험은 우리의 기억 속에 오래 유지되는 깊은 인상을 남깁니다. 우리 뇌의 쭈글쭈글 접힌 회백질 속에는 내분비선과 뇌 구조물의 결합체인 변연계가 있는데, 정서반응을 일으키고 기억을 관장하는 것으로 알려져 있습니다. 분자생물학자 존 메디나 John Medina는 자신의 저서 《브레인 룰스 Brain Rules》에서 감정과 기억의 연관성에 관한 과학적인 사실을 알려줍니다.

> 감정이 개입되지 않는 기억보다 감정이 고조된 사건에 대한 기억이 훨씬 더 오래 유지되며, 훨씬 더 정확하게 떠오른다. 어떻게 이런 일이 우리 뇌 속에서 벌어질까? 이는 전두엽 피질과 관련 있는데, 문제해결 능력이나 주의력을 지속하는 능력. 충동을 억제하는 능력과 같은 '중추기능'을 관장하는 인간 뇌의 아주 특수한 부분이다. 전두엽 피질이 회장님이라면 대상회[9]는 개인 비서쯤 된다. 비서는 회장에게 특정한 여과 기능을 제공하고, 뇌의 다른 부위. 특히 감정을 생성하고 유지하는 것을 돕는 편도체 간의 화상회의를 지원한다. 편도체는 신경전달물질인 도파민[10]으로 꽉 찬 구조물인데. 사무실의 비서가 포스트잇 메모를 사용하는 방식으로 도파민을 사용한다. 뇌가 감정을 촉발하는 사건을 감지하면 편도체가 변연계에 도파민을 방출한다. 도파민은 기억과 정보처리를 돕는 데 탁월하여 "꼭 기억하세요!"라고 쓰인 포스트잇 메모와 같은 방식으로 작용하는 것이다. 뇌에 해당 기억에 대한 화학적인 포스트잇 메모를 붙이는 것은 그 정보가 강력하게 처리될 것임을 의미한다. 모든 교사와 부모. 광고 운영진은 바로 이런 것을 원할 것이다.

메디나 박사님, 우리 디자이너들도 그 목록에 끼워주세요!

감성과 기억은 아주 밀접한 관계가 있는데, 거기에는 매우 현실적인 이유가 있습니다. 우리의 생존 문제가 달려 있거든요. 우리가 긍정적인 경험을 기억할 수 없다면 긍정적인 경험을 의식적으로 반복할 수 없을 것이고, 그래서 부정적인 경험을 반복하게 된다면 우리 삶은 끝인 거죠. 베이컨은 정말 맛있는 음식이긴 하지만, 오늘 2킬로그램짜리 베이컨 한 덩어리를 먹어놓고서는 아무 생각 없이 다음날

---

[9] 변연계에 속하여 주의를 전환시키고 여러 상황을 살피고 점검하는 영역
[10] 쾌감이나 즐거움 등에 관련한 신호를 전달하여 인간에게 행복감을 느끼게 하는 신경전달물질

또 그걸 먹는다면, 그런 삶은 살 가치가 없는 것입니다.

우리가 아기였을 때 울면 어머니나 아버지는 우유나 새 기저귀 혹은 따뜻한 손길로 달래주면서 정서적인 유대감을 형성했습니다. 부모의 이러한 반응은 변연계에서 진정효과가 있는 신경전달물질이 방출되도록 합니다. 이 과정이 반복되면서 우리는 부모의 손길이 필요할 때 언제든 또다시 그 손길이 닿을 것이라는 긍정적인 믿음을 갖게 되고, 부모와 정서적인 유대감을 형성하게 되는 것입니다.

인터페이스 디자인에서도 이와 유사한 반응 회로를 볼 수 있습니다. 긍정적인 감정 자극은 상대방을 무장해제시킵니다. 이는 절친한 친구와 이야기하는 것 같은 느낌의 디자인 경험을 만들 수 있도록 사용자와의 관계를 형성해줍니다. 우푸의 인터페이스에 사용된 재미있는 디자인과 언어가 그저 진열장 장식처럼 보일 수도 있겠지만, 사실은 이것이 아주 영리하게 우리 뇌를 조종하고 있는 것입니다. 이는 긍정적인 기억을 형성하는 강력한 방법이며, 우푸의 사용자들이 이 애플리케이션을 계속해서 사용하고 신뢰하는 기회를 늘려줍니다.

많은 웹사이트와 웹 앱들이 같은 결론에 도달하고 있습니다. 사용성을 뛰어넘어 즐거운 경험을 만들어낼 때 더 많은 사람이 서비스에 가입하고, 더 오랫동안 사이트에 머무르면서 더 많은 물건을 구매한다는 것을 깨닫습니다.

감성 디자인은 비즈니스에 득이 됩니다. 베타브랜드[Betabrand](http://betabrand.com)의 CEO이자 명쾌하고 양파 같은 매력이 있는 유머(그림 1.6)로 가득한, 패션 감각의 소유자인 크리스 린들랜드[Chris Lindland]도 그렇게 말합니다. 베타브랜드 사이트에는 다 읽으려면 30분 정도 소요되는 읽을거리와 더불어 아마추어 액션 영웅들이 자신

그림 1.6: 베타브랜드는 스스로를 어쩌다 보니 의류를 판매하게 된 온라인 잡지라고 생각합니다. 아, 그리고 가랑이 사이의 항력 계수를 16.24%라는 놀라운 수치만큼 낮출 수 있다고 합니다.

의 복장을 선보이는 방대한 갤러리가 있는데, 이 갤러리에는 누구나 자기 사진을 올릴 수 있습니다. 콘텐츠의 양도 많습니다. 린들랜드는 베타브랜드에 대해 "어쩌다 보니 옷도 팔게 된 온라인 잡지"라고 설명합니다. 결국 옷은 사이트에서 고객들이 누리는 놀라운 경험의 일부입니다. 베타브랜드의 코듀로이 바지를 한번 입어보면 '22% 낮아진 가랑이 열 계수'와 '16.24% 낮아진 항력 계수[11]'를 누릴 수 있습니다. 여러분은 근대 과학과 패션의 결합이 이루어낸 이 경

---

[11] 베타브랜드의 가로줄 코듀로이 바지는 세로줄 코듀로이 바지를 착용했을 때보다 가랑이 사이가 편안하다며 과학적으로도 입증할 수도 있다고 허풍을 떤다. 각 수치는 그냥 유머로 이해하면 되겠다.

이로운 쾌거의 수혜를 받는, 선택받은 그룹의 일원이 되었다는 것을 꼭 기억해야 할 것입니다.

이 사이트의 모든 제품에는 재미있는 뒷이야기가 있습니다. 린들랜드는 사람들을 기분 좋게 만들면 판매량 증대로 이어지며, 마케팅 비용도 절감할 수 있다는 것을 잘 알았던 것이죠.

> 소비자들이 제품을 구매하며 겪은 즐거운 경험은 온라인에서 광범위하게 퍼져 나가며, 여기에 드는 비용은 없다. 재미있는 경험은 사람들로 하여금 "아마도 되겠지"라거나 "안될 건 없지"라는 긍정적인 생각을 유도한다. 사람들은 어떤 제품을 가지고 재미나게 이야기할 수 있는지 그 잠재성을 기가 막히게 감지한다.

우리는 7장에서 감성 디자인과 투자수익률(ROI) 사이의 관계, 그리고 구체적인 수치를 알아볼 것입니다. 데이터를 살펴보기 전에 베타브랜드의 성공 이면에 담긴 디자인 원칙을 살펴봅시다.

감성 디자인의 원칙

베타브랜드를 만든 당사자들도 모를 수 있겠지만, 베타브랜드의 비즈니스 중심에는 분명 감성 디자인의 원리가 있습니다. 다음 디자인 프로젝트를 시작할 때는 이 원리를 꼭 기억해두세요. 여러분이 사람들에게 긍정적인 감성을 선사한다면 그들은 여러분의 웬만한 결점은 용서할 것이며, 여러분이 이끄는 대로 따라오는 동시에 여러분을 칭송할 것입니다.

고객을 감성적으로 사로잡으려면 브랜드가 가진 개성을 보여주어야 합니다. 우푸와 베타브랜드의 예를 보면 개성의 효과는 100%입니다. 브랜드의 개성을 확실하게 보여주면 고객은 그 브랜드가 한 명의 사람인 것처럼 감정을 이입할 수 있습니다. 이렇게 개성은 공감대를 형성하며 고객이 브랜드를 통해 더 나아진 자신의 모습을 볼 수 있도록 하는 데 도움이 됩니다. 사람들은 살아 숨 쉬는 사람들과 유대감을 가지고 싶어 합니다. 우리는 비즈니스가 결국 사람들의 집합체라는 것을 잊고 살았지만, 이제는 그 점이 빛을 발할 수 있도록 해야 합니다.

감성 디자인은 어쩌다 찾아오는 사용자를 열광적인 지지자로 바꾸어놓습니다. 이들은 자신의 좋았던 경험을 다른 사람에게 말할 준비가 되어 있는 사람들입니다. 이는 사이트가 예상치 못한 길로 잘못 들어설 때도 고객이 떠나지 않고 머물 수 있도록 해주는 신용 안전망을 제공하기도 합니다. 베타브랜드의 크리스 린들랜드의 이야기는 이 아이디어를 다시 한번 강조하고 있습니다. 포틀랜드에서 온 핑크 팬더 이야기를 들어보시죠.

포틀랜드에 사는 한 고객은 바지를 구매한 지 10일이 지나서 코듀로이 바지 할인행사 소식을 알게 되었고, 나에게 할인을 요구하는 편지를 보냈다. 그의 말인즉 노드스톰Nordstom 같은 업체는 이런 혜택을 제공한다는 것이었다. 나는 그에게 혼자 운영하는 온라인 업체한테 꼭 그렇게 수천 명의 직원에 수십억 달러의 매출을 올리는 대형 업체와 같은 기준을 적용해야겠느냐고 반문했다.

우리의 의견 차이는 예상 가능한 결과 - 싸움 - 로 발전했고, 결국 나는 지옥에서 선한 길이란 있을 수 없다는 것을 깨달았다. 그는 우리 사이트에서 다시는 물건을 사지 않을 것이다. 그래서 나는 내기를 제안했다. 포틀랜드 트레일블레이저스[12]가 하찮은 LA 클리퍼스[13]를 이긴다면 그에게 할인 혜택뿐만 아니라 분홍색 바지 한 벌을 증정하겠다고 말이다. 내가 이기면 할인해주는 대신, 그는 친구 두 명에게 자신이 베타브랜드의 컨설턴트라고 말해야 한다는 조항도 넣었다. 그는 아내와 함께 경기를 시청했고, 트레일블레이저스가 이겼다는 소식을 들었다. 그는 핑크 팬더 바지를 선물로 받았으며, 지금까지도 우리의 가장 훌륭하고 충성도 높은 고객 중 한 명

[12] 오리건 주의 NBA 팀이자 유일한 프로 스포츠팀으로, 팬들의 열광적인 지지를 받고 있다.
[13] NBA 태평양 지구에서 가장 약한 팀으로, '스포츠 사상 최악의 팀'으로 불린다.

으로 남아 있다. 왜일까? 그건 바로 그가 고객 서비스보다 더 좋은 무언가 - 즉, 재미있는 고객 경험 - 를 경험했기 때문이다. 게다가 이 일등 고객은 이제 우리 회사의 투자자이기도 하다.

핑크 팬더와 베타브랜드의 시작은 나빴습니다. 린들랜드는 관행적으로 해오던 일을 똑같이 할 수도 있었을 것입니다. 당신에게는 안 파니까 딴 데 가보라고 말하는 거죠. 하지만 린들랜드는 생각을 달리해 팬더 씨를 친구처럼 대했습니다. 그는 회사의 개성을 충실히 지킴으로써 평생 고객이자 투자자를 얻었습니다.

감성 디자인은 문구나 사진, 디자인 스타일에 관한 것만이 아닙니다. 이는 다른 방식으로 소통하는 것입니다. 분명 감성 디자인에는 위험부담이 있습니다. 정서적인 유대감이 인터페이스의 기능성이나 신뢰성, 사용성을 흐려버리면 여러분이 원했던 긍정적인 경험은 사용자에게 불평을 유도하는 재난으로 바뀌어버릴 것입니다. 잔뜩 화가 난 고객에게 친구처럼 내기를 거는 방법이 언제나 형세를 역전시키는 것은 아니라는 말입니다.

우리는 감성 디자인의 위험성과 그를 피하는 방법에 대해 진솔한 논의를 할 것입니다. 하지만 그전에 인간의 관점을 통제하는 힘을 가진 펌웨어[14]를 이해할 수 있도록 여러분을 도울 것입니다. 이는 여러분이 다음 프로젝트에서 만들어낼 전략의 뼈대가 되기 때문입니다.

---

[14] 변경할 필요 없는 소프트웨어를 롬(ROM) 등에 고정시켜 하드웨어처럼 쓰는 것

2

사람을 위한 디자인

우리 인간은 복잡한 존재입니다. 모두 뚜렷한 개성과 감성적인 문제를 가지고 있으며, 독특한 성격을 지니고 있죠. 그래서 사람을 위한 디자인이 어려울 수 있습니다. 그렇다면 어떻게 해야 광범위한 관점들을 만족시킬 디자인을 할 수 있을까요?

서로 다른 개성과 관점의 저변에는 모든 인간에게 공통으로 적용되는 보편적인 심리 작용 법칙이 있습니다. 이 법칙들은 감성 디자인이라는 우리의 사명을 이루는 데 있어 매우 유용한 도구입니다. 이번 장에서는 우리가 공유하는 심리적 펌웨어를 살펴보고, 감성 디자인 전략의 토대를 다져보겠습니다.

다양한 사람의 한 가지 공통점

모든 인간이 공통으로 가지는 한 가지 특성이 있다면, 그것은 바로 감정을 드러낸다는 것입니다. 찰스 다윈Charles Darwin은 《인간과 동물의 감정 표현에 대하여The Expression of the Emotions in Man and Animal》1에서 이렇게 말했습니다.

> 전 세계에 걸쳐 같은 심리상태가 균등하게 나타난다는 것은 놀라운 일이다. 이 사실은 그 자체로도 흥미로운데, 심지어 인종을 불문하고 모든 인류가 신체 구조와 내적 성향에서 높은 유사성을 가진다는 것을 입증한다.

다윈이 주장하는 것은, 인간에게는 평생 그들을 인도하는 공통된 감성적 어휘를 갖고 있다는 것입니다. 아이는 백지장처럼 무지한 상태에서 다른 사람을 관찰하면서 감성을 학습하는 것이 아니라, 날 때부터 고통과 기쁨, 놀라움, 분노를 비롯한 여러 감정을 표현할 준비가 되어 있다는 것입니다. 감정은 중요한 생존 수단이기도 합니다. 말하지 못하는 아기가 자신을 돌봐주는 이에게 자신의 요구를 전달하는 방법이기도 하고, 자라면서 자신에게 이로운 관계를 형성하는 데 사용하기도 합니다. 언어 능력은 인간의 성장과 함께 점차 발달하지만, 감성은 우리가 이 세상에 발을 내딛는 순간부터 가지고 있는 우리 모두의 모국어라는 말입니다. 인류의 만국공통어인 것이죠.

인간의 본성과 디자인의 접점: 동안 편향 baby-face bias 2

진화심리학을 공부하면 디자인에 대해서, 그리고 사용자와 효과적으로 소통하는 방법에 대해서 배울 수 있습니다. 인간의 신체가 진

---

[1] 찰스 다윈, 《인간과 동물의 감정 표현에 대하여》, 최원재(역), 서해문집, 1998
[2] 동그란 얼굴, 큰 눈, 작은 코, 높은 이마, 짧은 턱, 밝은 피부의 아기 같은 얼굴형을 지닌 사람과 사물은 아기의 속성이 있는 것으로 지각되어, 성숙해 보이는 사람에 비해 더 순진하고 무력하며 정직한 인상을 갖는다.

화하면서 우리의 뇌 또한 진화했는데, 이 과정은 우리 종족을 보존할 수 있는 가장 이로운 본능과 행동을 선택하는 방식으로 이루어졌습니다. 우리는 이 본능을 '인간 본성'이라고 부릅니다. 이는 로제타 스톤Rosetta Stone 3처럼 왜 인간이 그렇게 행동하는지 살펴볼 수 있도록 해줍니다. 자, 그러면 우리에게 익숙한 본능은 무엇인지, 그리고 이 본능이 우리의 디자인 작업에 어떤 정보를 줄 수 있는지 살펴보겠습니다.

부모는 자기 자식을 사랑하기 마련입니다. 부모가 되어본 적이 없다면, 잠도 못 자고 냄새나는 기저귀와 씨름하며 끝없는 보모 노릇 등으로 사서 고생을 하는지 이해하지 못할 것입니다. 자유로운 성인으로서 누릴 수 있는 삶의 즐거움도 반납하고 말이죠. 이렇게 부모가 되는 일은, 글로 배우면 그다지 좋을 것이 없어 보입니다. 하지만 현실에서는, 이유는 설명하기 어렵지만 그야말로 황홀한 일입니다.

저는 이 책을 쓰기 직전에 아빠가 되었습니다. 세상에나, 정말 힘들더군요! 하지만 아들의 얼굴을 바라보고 있노라면 며칠째 뜬눈으로 밤을 지새운 것도, 녀석의 기저귀가 말로 형용할 수 없는 물질로 뒤범벅되어 고약한 냄새를 풍기는 것도 모두 잊어버립니다. 아빠의 눈에는 전부 순결하고 아름다운 것들이라 충분히 그럴만한 가치가 있거든요.

고슴도치도 제 새끼는 예쁘다고 하듯, 아무리 못생긴 아기라도 부모 눈에는 사랑스러워 보입니다. 이러한 현상은 진화가 우리에게 선사한 것입니다. 그 어린 것의 얼굴을 들여다보고 있으면 어떤 결점도

---

[3] 1799년 나폴레옹의 이집트 원정군 부샤르가 나일강 하구의 로제타 마을에서 발굴한 비석 조각. 로제타 스톤에는 기원전 196년 프톨레마이오스 5세의 공덕을 기리는 내용이 고대 이집트의 상형문자와 더불어 세 가지 문자로 새겨져 있어 고대 문자 해독의 열쇠가 되었다.

눈에 들어오지 않습니다. 긍정적인 마음이 파도처럼 밀려오죠. 우리의 뇌는 아기 얼굴에 나타나는 비율 – 큰 눈, 작은 코, 툭 튀어나온 이마 – 을 아주 특별한 것으로 인식합니다. 이런 비율의 얼굴은 순수하고 믿을 수 있으며, 귀엽고 사랑스럽다고 받아들이는 거죠. 우리의 뇌가 아기를 사랑하도록 구조화되어 있는 것입니다.

저도 이상하게 생각합니다만, 우리가 아기의 얼굴을 사랑하도록 진화된 진짜 이유가 아기들의 생존을 위해서라고 과학자들은 말합니다. 귀여움이 아기들의 첫 번째 방어선이죠. 진화생물학자 스티븐 제이 굴드Stephen Jay Gould가 '미키마우스에게 바치는 생물학적 경의A Biological Homage to Mickey Mouse'라는 글에서 설명한 바로는, 이 원칙을 수십년 동안 활용해온 집단이 있는데, 바로 만화가들입니다. 이들이 만들어낸 등장인물, 즉 큰 머리에 작은 몸, 큰 눈을 가진 캐릭터들은 오랫동안 대중의 사랑을 받아왔습니다.

디자이너도 이 원칙을 효과적으로 활용하는데요, 바로 '동안 편향'이라는 원칙입니다. 아기의 얼굴은 사랑스럽다고 구조화되어 있는 우리의 뇌를 이용한다고 말할 수 있습니다. 귀여운 마스코트를 이용해 사용자와의 교감을 꾀하는 웹사이트 중에 생각나는 것이 있나요?

수많은 예를 떠올릴 수 있을 것입니다. 몇 가지만 들어보면 트위터, 스티키비츠(http://stickybits.com), 브리즐리(http://brizzly.com) 그리고 메일침프(http://mailchimp.com) 등이 있습니다(그림 2.1).

여러분의 웹사이트를 더 귀엽게 만들라는 말이 아닙니다. 조금만 관심을 두고 모든 디자인 법칙을 들여다보면 인간 본성과 정서적 본능과의 접점이 있음을 알게 될 것입니다. 사실 인간의 본성은 디자인의 모든 측면에 반영되어 있습니다.

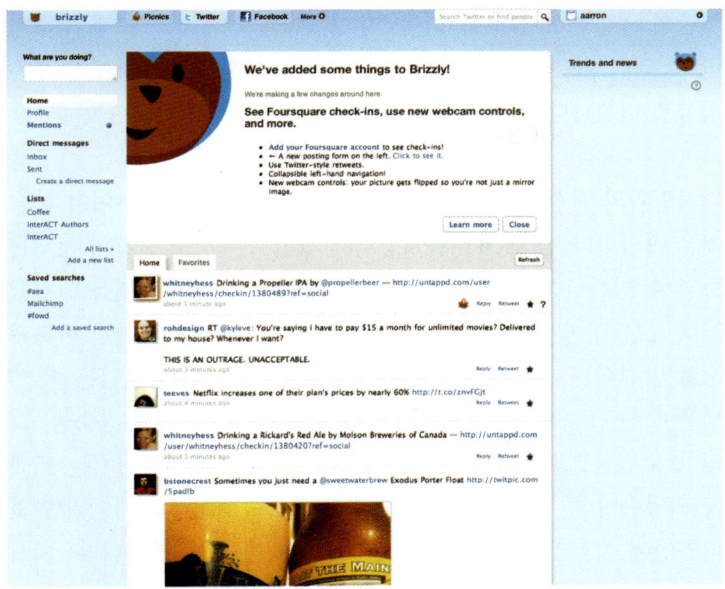

그림 2.1: 브리즐리는 고객에게 사랑받는 브랜드를 만들기 위해 아기 얼굴은 사랑스럽다고 구조화된 심리를 이용합니다.

세계는 우리를 비추는 거울

인간은 자신이 세상을 보는 방식에 스스로를 꽤 많이 투영시킵니다. 단순히 세상을 바라보는 것에 그치는 것이 아니라, 그 속에서 과거의 자신을 생각하는 우리를 발견합니다. 구름을 응시하거나 나무 조각의 결을 살펴볼 때 우리는 마음의 눈에 비친 누군가의 얼굴을 그려냅니다. 우리는 우리가 아는 최고의 존재, 즉 자기 자신을 찾아 헤매는 우발적 나르시시스트narcissists입니다.

우리가 우발적 나르시시스트인 것은 다른 이들과 감성적인 교감을 원하는 우리의 원초적 욕망 때문입니다. 우리의 뇌는 본능에 따라 인간의 얼굴에서 감정을 읽어냅니다. 다음 장에서도 보게 되겠지만, 이러한 이유로 디자인에 사용된 얼굴 사진은 사용자에게 깊은 영향을 미칩니다.

디자인과의 감성적인 교감을 위해 굳이 두 눈과 입이 보여야 하는 것은 아닙니다. 때로는 비율처럼 추상적인 것에서도 인간의 존재를 느낄 수 있습니다. 피타고라스와 고대 그리스인들도 이것을 인지했는데, 그들이 발견한 황금비율, 즉 인체를 비롯한 자연에서 반복적으로 발견되는 수학적 분할 비율이 바로 그것입니다. 우리는 이 개념을 수천 년 동안 사용해왔는데, 이는 많은 미술작품과 건축물, 그리고 보편적으로 아름답다고 여겨지는 디자인이 만들어지는 토대가 되었습니다. 파르테논 신전과 같은 건축물에서부터 아이팟iPod의 디자인에 이르기까지, 이 모두에 황금비율이 숨어 있습니다. 의식적으로는 인지하지 못할 수도 있지만, 무의식은 즉각적으로 아름다움의 패턴을 알아차립니다. 인간의 신체에도 황금비율이 존재한다는 것을 우리는 알고 있죠. 로버트 브링허스트Robert Bringhurst의 명저 《타이포그래피 스타일의 요소The Elements of Typographic Style》를 읽었다면 수세기 동안 인쇄물 디자이너들이 페이지 레이아웃에 황금비율을 적용해왔다는 것을 알 것입니다.

웹디자이너들도 이 개념을 인지했습니다. 덕 바우만Doug Bowman과 그의 디자인팀이 새롭게 디자인한 트위터 사이트를 보면, 레이아웃 구성이 황금비율에 의해 정의되었다는 것을 알 수 있습니다(그림 2.2).

아름다움의 정의는 우리 자신의 이미지에서 유래합니다. 인간의 마음은 추상적인 형태에 들어 있는 의미를 알아내기 위해 사물과 정보를 유심히 살펴보는 일을 유독 잘합니다. 우리는 대부분의 사물에서 우리 자신의 흔적을 찾아내며, 또한 그렇게 하는 것을 좋아합니다.

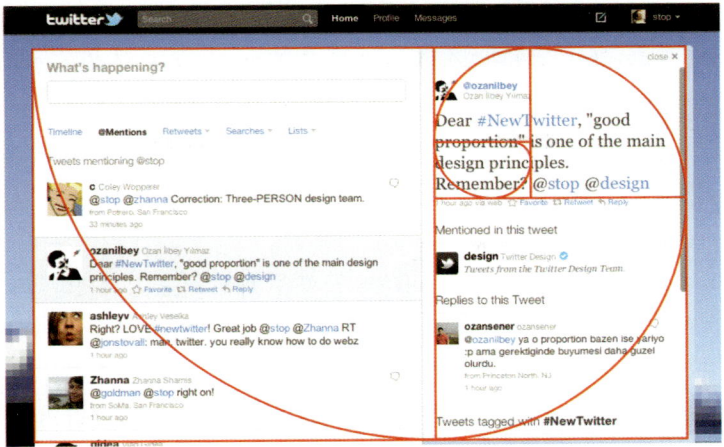

그림 2.2: 트위터의 새로운 인터페이스는 황금비율에 의한 페이지 레이아웃을 구성하여 아름답게 보입니다.

수많은 소음 속에서 신호를 찾아내고 패턴을 파악하는 우리의 능력은 삶을 영위하기 위해 사용하는 매우 중요한 특성입니다. 예상하다시피 패턴을 인지하는 이 능력은 우리의 디자인 방식에 크게 영향을 미칩니다.

대비[Contrast 4] : 나에게 좋은가, 나쁜가?

우리는 감정을 표현하는 능력 외에도 패턴을 찾는 본능을 공유하고 있습니다. 인간의 마음은 아름답게 설계된 차분기관[difference engine 5]입니다. 우리의 뇌는 계속해서 환경 속에 숨은 패턴을 찾아냅니다. 통찰력을 형성하여 우리를 위험으로부터 지키기 위해서죠.

---

[4] 회화에서 어떤 요소의 특징을 강조하기 위하여 그와 상반되는 형태나 색채, 톤을 나란히 배치하는 작업
[5] 미적분이 가능한 기계식 계산기로 해석기관과 함께 컴퓨터의 선조로 여겨진다.

냉장고에서 꺼낸 음식이 상했다면 여러분의 감각은 여러분에게 경보를 내립니다. 상한 우유의 냄새가 어떤 건지 여러분에게 가르쳐 준 사람은 아무도 없을 것입니다. 그저 냄새를 맡는 순간 아는 거죠. 뭔가 잘못됐네, 이런 느낌이랄까요. 냄새가 좀 다른데? 여러분의 뇌가 딱 아는 겁니다.

우리는 이렇게 패턴에서 벗어나는 상황을 '대비'라고 부릅니다. 우리의 뇌에는 이 대비에 대한 경계를 항상 게을리하지 않는 스캐너가 있어서 우리의 의사결정 과정을 주도합니다. 이것은 우리가 교실의 어디쯤 앉을지(어느 자리가 더 나은가?), 어디에서 저녁을 먹을지(어느 식당의 음식이 더 나은가?), 심지어 누구랑 결혼할지(누가 더 매력적인가?)를 결정하는 데 도움을 줍니다. 우리는 대비를 이용해서 하나의 궁극적인 질문에 대답하게 됩니다. 바로 "나에게 좋은가, 나쁜가?"라는 질문입니다.

우리가 대비를 받아들이는 방법은 크게 두 가지로 분류할 수 있습니다.

- 시각적 대비: 다른 모양, 다른 색상, 다른 형태 등
- 인지적 대비: 다른 경험 혹은 다른 기억

얼룩말의 무늬는 무리 속에 섞이기 쉽도록, 그래서 쫓아오던 사자가 목표물을 잘 채어가지 못하도록 하는 데 도움이 되는 시각적 대비로서 기능합니다. 모든 개체의 대비가 선명해서 모두 눈에 띄지 않는 거죠.

사람들이 시각적 대비를 사용하는 방법도 이와 유사합니다. 습관적인 과속 운전자(저도 그렇습니다만)는 경찰이 알아채지 못하도록

다른 차량과 가까운 거리를 유지합니다. 혼자서 과속운전을 하면 숨어 있는 경찰의 눈에 띄기 쉽기 때문이죠(이 방법이 꼭 좋다고는 말할 수 없습니다. 이 글을 쓰고 있는 제 책상 위에도 속도위반 고지서가 두 장 놓여 있거든요).

경찰은 우리 마음에 인지적 대비를 만들어내기 위해 속도위반 고지서를 발부합니다. 벌금을 내고 같은 실수를 반복하지 않도록 스스로 포기하길 바라는 거죠. 저는 이 방법이 통한다는 것을 겸허히 증언할 수 있습니다. 제 질주 본능이 아주 조금은 줄었으니까요.

대비는 또한 강력한 디자인 도구입니다. 우리 사용자의 활동에 단순하고도 심오한 방식으로 영향을 미치죠. 텀블러^{Tumblr}(그림 2.3)는 신규 계정의 등록을 늘리길 원했고, 결국 홈페이지에서 관련 없는 콘텐츠를 모두 없애버리는 방법으로 전환율$^{conversion\ rate}$ 6을 높였습니다. 간단하게 제품 소개를 마치고 바로 사용자의 행동을 유도하는 것이죠. 화면의 한가운데에 있는 커다란 상자는 선명한 시각적 대비를 형성하여 이 사이트가 뭘 하는 곳인지, 그리고 텀블러가 사용자에게 기대하는 행동이 무엇인지 이해하기 쉽게 만들어줍니다.

대비를 감지한 직후 우리의 뇌는 비용편익분석$^{cost-benefit\ analysis}$ 7에 들어가는데요. 즉 이 활동을 수행하는 데 있어 어느 정도의 노력이 들어가며, 그 행동이 초래할 비용과 편익을 비교하게 됩니다. 페이지가 간결하면 잠재 고객이 기본적인 비용편익분석을 수행하는 데 도움이 됩니다. 계정 등록 양식이 간단한 것은 이를 채우는 데 걸리는

---

6 제품 구매, 회원 등록, 뉴스레터 가입, 소프트웨어 다운로드 등 웹사이트가 의도하는 행동을 방문자가 취하는 비율
7 여러 정책 가운데 목표 달성에 가장 효과적인 대안을 찾기 위해 비용과 편익을 비교·분석하는 기법

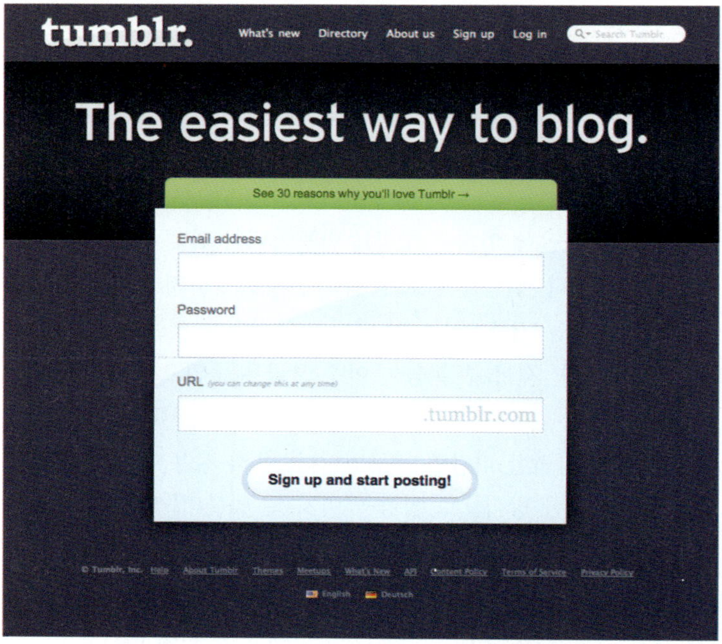

그림 2.3: 텀블러가 제작한 똑똑하고 간결한 홈페이지는 콘텐츠를 제한하여 사용자의 관심을 효과적으로 집중시킵니다.

시간이 길지 않다는 것, 그래서 서비스가 제공하는 큰 잠재 이익을 얻기 위해 들이는 비용이 낮다는 것을 의미합니다. 이렇게 되면 계정 등록 수가 늘 가능성은 커질 수밖에 없습니다.

이렇듯 대비는 아주 강력한 도구입니다. 하지만 마구 사용해서는 안 됩니다. 우리의 뇌는 한계가 있으니까요.

제한적 처리 장치

텀블러 사이트에서 본 대로 대비를 효과적으로 사용하면 인터페이스의 사용성이 증대됩니다. 그러나 한 페이지에서 대비를 이용한 요소가 늘면 시스템을 익히고 경로를 기억해서 과제를 수행하는 데 필요한 시간도 그에 비례해서 늘어납니다. 다시 말해, 요소를 늘리는 것은 사용자의 뇌를 한계로 몰아붙이는 것입니다. 모든 참석자가 옆사람에게 소리를 지르며 떠드는 파티에 가본 적이 있나요? 소음이 커지면 사람들은 자기 목소리가 들리도록 더 크게 말합니다. 하지만 이렇게 되면 대화를 나누기가 더 어려워질 뿐입니다. 디자인도 마찬가지입니다. 사용자의 관심을 끌기 위해 모든 요소를 강조하다 보면 결국 아무것도 눈에 띄지 않게 됩니다. 마치 얼룩말 무리에 숨은 얼룩말처럼 말이죠.

이 개념을 담은 디자인 원리가 바로 힉 하이만의 법칙Hick's Law입니다. 부연하자면 '선택할 수 있는 요소의 수가 늘수록 의사결정 시간 또한 길어진다'는 명제입니다. 텀블러는 분명 단순한 홈페이지의 본질에 대해 뭔가 알고 있습니다. 인간이 가진 뇌의 능력은 아주 강력하지만, 다량의 정보를 빠르게 분석하는 데는 아무래도 한계가 있습니다. 사용자의 뇌가 사이트에 널린, 관련 없는 정보들을 걸러내야 한다면 자신에게 필요한 것이 무엇인지 결정하고 행동을 취하기 더욱 어려워집니다. 우리는 배고픈 암사자와 같아서 공격 대상이 될 만한 얼룩말을 정확히 짚어내려고 고군분투하죠.

텀블러는 사용자가 주의를 기울여 집중하는 데 한계가 있음을 잘 알고 있습니다. 우리가 인터페이스에 내용을 추가할 때마다 사용자는 패턴을 발견하고 요소를 대조해야 하는데, 이럴수록 의사결정 시간은 길어집니다. 그 결과 사용자의 행동은 더욱 예상하기 어렵게 되고, 사용자가 기억하는 정보는 더 적어집니다(여러분의 상사가 회사 홈페이지에 더 많은 내용을 억지로 밀어 넣으라고 또다시 요구한다면, 이 점을 꼭 말해주세요).

하지만 대비라고 해서 우리가 사물을 바라보는 방식을 형성하기만 하는 것은 아닙니다. 대비는 또한 브랜드와 같은 추상적인 개념을 인지하는 능력에도 영향을 미칩니다.

브랜드 대비

텀블러가 시각적 대비를 이용해 사용자의 행동을 유도하는 것처럼 우리는 인지적 대비를 이용해 사용자 인식을 형성할 수 있습니다. 사실 이것이 브랜딩의 주된 목표입니다. 경쟁업체들과 구별되는 정체성을 확립하는 것이죠. 여러분의 브랜드가 다른 브랜드와 명확히 구별될 때 사용자는 여러분의 브랜드를 쉽게 알아보고 기억할 것입니다.

웹디자이너 히카르두 메스트레Ricardo Mestre는 대비의 위력을 전적으로 활용합니다. 그의 웹사이트(http://duplos.org)는 일반적인 웹디자인 전통에 반기를 들고 있습니다(그림 2.4).

메스트레의 디자인은 전통적인 기준을 따르지 않는 자유로운 양식입니다. 다채로운 질감과 거칠게 표현된 모서리, 그리고 평평한 형태를 여러 겹으로 겹쳐 표현하여 웹사이트라기보다는 정교한 종이 공예처럼 느껴집니다.

나무 뒤에서 쓱 등장하는 보라색 몬스터와 재미있는 문구는 사용자에게 정서적으로 각인되어 그의 포트폴리오를 잊을 수 없게 만듭니다. 여러분이 다른 웹디자이너와 경쟁한다고 했을 때 인지적 대비는 필수적인 무기입니다.

인지적 대비와 시각적 대비를 효과적으로 사용하는 훌륭한 디자인

그림 2.4: 히카르두 메스트레의 웹디자인 포트폴리오는 전통에 반기를 들고 있습니다.

은 여러 디자인 사이에서 여러분을 돋보이도록 합니다. 그뿐만 아니라 사람들이 여러분의 인터페이스를 사용하는 방식에도 영향을 끼칩니다.

심미성의 힘

기능을 강조한 텀블러와 디자인에 중점을 둔 메스트레의 웹사이트는 정반대 스타일이지만 한 가지 공통점이 있습니다. 둘 다 미적인 즐거움을 제공한다는 것입니다. 색채와 모양, 비율, 여백, 레이아웃 등을 솜씨 좋게 사용한 잘된 디자인이죠.

기능 위주로 구성된 인터페이스에서는 디자인을 과도한 장식에 불과하다고 잘못 인식하는 경우가 많습니다. 다음과 같은 주장을 들어본 적이 있나요?
"죽여주는 인터페이스가 있다면 정말 좋겠지만, 사람들이 정작 신경 쓰는 건 사이트의 외양보다는 기능이지 않아?"
그렇다면 이 사람은 잠옷 차림으로 면접을 보러 가겠군요. 사람들은 외양보다 기능에만 관심을 기울일 테니 말이죠. 진짜 이런 사람이 있다면 디자인을 쓸데없는 겉치레라는 사고가 잘못되었다는 것을 확실히 알 수 있을 텐데 안타깝네요.

다음 장에서도 살펴보겠지만, 디자인은 정서적인 교감과 사용성 모두에 영향을 미칩니다. 사용성 분야와 인간-컴퓨터 상호작용 분야의 선구자인 도널드 노먼(Donald Norman)이 자신의 저서 《감성 디자인(Emotional Design)》에서 지적한 바와 같이, 아름다운 디자인은 뇌에서 긍정적인 정서 반응을 만들어내는데, 이는 실제로 우리의 인지 능력을 향상시킵니다.

> 매력적인 사물은 사람을 기분 좋게 하며 더욱 창의적으로 생각할 수 있게 해준다. 어떻게 하면 이 명제를 이용하여 무언가를 사용하기 쉽게 만들 수 있을까? 답은 단순하다. 사람들이 직면한 문제에 대해 답을 쉽게 찾도록 해주면 된다.

여기서 노먼이 설명하는 것이 심미적-사용성 효과입니다. 사물이 매력적일수록 기능적으로 더 좋을 것이라 느낀다는 말이죠.

많은 브랜드가 이 원칙을 빌리고 있습니다만, 그중 최고봉은 애플사입니다. 애플의 인터페이스 디자인은 정제되어 있고, 집중적이며, 심미적인 즐거움을 선사하는 데다 사용성이 좋기로 유명합니다. 그들의 간결하고 우아한 디자인은 자사 제품과 소프트웨어를 사용하기 쉽게 만드는 데도 도움이 됩니다. 애플은 심미적-사용성 효과를 자신이 만드는 모든 제품에 적용하고 있으며, 이는 고객들의 재구매율을 높이는 결과를 가져옵니다.

하지만 애플이 감성 디자인에 정통하다는 사실은 애플 광신주의와 직접 연관되어 있기도 합니다. 스티브 잡스Steve Jobs가 "여러분은 이 기기를 사랑하게 될 것입니다We think you're going to love it"라는 말로 제품 시연을 마칠 때, 그는 정말로 그렇게 믿고 있는 것입니다. 그가 '사랑'이라는 단어를 사용한 것은 우연이 아닙니다. 그들의 디자인 정신이 보여주듯 애플은 인간 심리와 감성을 명확하게 이해하고 있습니다.

2002년 애플은 'LED 휴식상태표시등'에 관한 특허를 출원했습니다. 맥Mac 사용자라면 누구나 이 표시등에 익숙할 것입니다. 바로 애플 노트북과 데스크톱 앞면에서 부드럽게 깜빡이는 것 말입니다. 애플의 디자이너는 이 불빛이 가장 많이 보일 수 있는 상황을 생각했습니다. 이 표시등이 유일한 빛이 되는 어두운 사무실이나 침실, 그리고 거실과 같은 장소를 말이죠.

휴식상태표시등에서는 맥박수가 굉장히 중요합니다. 맥 컴퓨터의 휴식상태표시등은 사람이 휴식할 때 자연스럽게 호흡하는 속도에 맞춰 분당 12~20회 깜빡입니다. 이는 아기의 등을 규칙적으로 부드럽게 토닥거리는 것과 똑같은 효과가 있습니다. 특유의 분위기를 만들어내죠. 파르테논 신전의 황금비율처럼 사람들은 불빛이 깜빡이는 속도를 자신이 숨 쉬는 속도와 연관짓지는 않지만, 뭔가 편안해지는 효과를 느낄 수 있습니다. 애플은 표시등이 단순히 켜져 있도록 디자인할 수도 있었을 것입니다. 그렇다 해도 표시등의 목적은 성취될 수 있었겠죠. 하지만 애플의 해법은 사람과 소통하고, 사람을 편안하게 하며, 자신이 사용하고 있는 제품에서 자기 자신을 발견할 수 있게 하는 것이었습니다.

감성 디자인의 토대

이 장에서 우리는 몇 가지 디자인 원칙과 인간 심리의 공통적인 특징을 알아보았습니다. 이것은 뒷장에서도 다시 볼 기회가 있을 것입니다.

진화심리학을 살펴보니, 우리가 세계를 바라보는 방식 중 많은 부분이 태생적으로 어떤 성향을 띠고 있다는 것을 알 수 있었습니다. 또한 그 성향이라는 것은 바로 우리가 사는 환경에 적응하기 위해, 그리고 최고의 생존 방법을 발견하기 위해 수천 년 동안 계속되어 온 기능이라는 것도 알 수 있었습니다. 그 예로 아기 얼굴을 사랑하는 '동안 편향'을 살펴보았습니다. 대비 또한 우리의 생존 욕구에서 유래했는데, 오늘날 우리는 이를 사용하여 우리의 행동을 형성하고 우리의 브랜드가 돋보이도록 합니다.

우리는 인간의 정신에 한계가 있음을 알았습니다. 힉 하이만이 말한 대로 대비를 과도하게 사용하면, 우리는 옵션을 모두 살펴보느라 정작 중요한 것을 못 보고 허우적거리게 됩니다. 그리고 우리는 요란한 쇼윈도 장식보다 하나의 아름다움을 골라낼 수 있는 심미성이 더 중요하다는 것을 알았습니다. 심미적-사용성의 원칙이 설명하듯 심미성은 사용성에도 영향을 미칩니다.

이것이 우리의 본 모습입니다. 우리는 우리를 이끄는 기본적인 펌웨어를 가지고 태어났습니다. 감성은 그 코드의 핵심입니다. 감성은 인간으로서의 우리를 형성하는 본질적인 요소이며, 효과적인 디자인의 토대 역할을 합니다.

인간이 감성을 사용해 소통한다든가 어떤 상황에 대한 우리의 반응이 공통적이라는 것은 사실이지만, 감성 디자인에는 여전히 미묘한 차이 등에 대한 세심한 배려가 필요합니다. 우리의 인지적 펌웨어에서 꼭대기 자리를 차지하는 개성은 우리를 더욱 예측할 수 없게 만듭니다. 다음 장에서 살펴보겠지만, 개성은 우리의 광범위한 감정 반응을 위한 연결 통로이며, 더욱 인간적인 디자인을 만드는 열쇠입니다.

3 개성

지속적인 관계는 사람이라면 누구나 갖고 있는 고유의 특성과 관점에 중점을 둡니다. 우리는 이를 개성이라고 부릅니다. 특정한 사람에게 매력을 느껴 친구가 되거나 애인이 되고, 누군가에게는 참 좋은 사람이 나에게는 정이 가지 않는 그냥 그런 사람. 이런 인간 감성을 표현하는 신비한 힘이 바로 개성입니다. 이렇듯 개성은 우리의 의사결정 과정에 지대한 영향을 미치기 때문에 디자인에서도 강력한 도구가 될 수 있습니다.

개성은 감성의 플랫폼

인터페이스 디자인은 인간-컴퓨터 상호작용Human-Computer Interaction이라고 불리는 광범위한 카테고리에 속합니다. 이 카테고리는 컴퓨터 과학과 행동 과학, 그리고 디자인이 융합된 것입니다. HCI 전문가들은 심리학과 사용성, 인터랙션 디자인interaction design 1과 프로그래밍

콘셉트 그리고 기초적인 시각디자인 원리에 정통한 사람들입니다. 뭔가 익숙하지 않나요? 사용자 경험 디자이너들이 날마다 논쟁을 벌이는 바로 그것과 참 많이 닮아 있습니다.

비밀을 한 가지 알려드리죠. 저는 '인간-컴퓨터 상호작용'이라는 말을 그다지 좋아하지 않습니다. 저는 디자인을 할 때 소통의 다른 한 끝에 컴퓨터가 아닌 사람이 있는 것처럼 느껴지는 그런 인터페이스를 만들어내려고 엄청 노력하거든요. 너무 사소한 것에 신경 쓰는 것처럼 느껴질 수도 있겠지만 용어가 참 중요합니다. 용어는 우리의 인식을 형성하고, 특정 카테고리에 속하는 아이디어를 떠올리게 하니까요.

감성 디자인의 첫 번째 목표는 사람과 사람 간의 소통을 만드는 것입니다. 우리가 우리 일을 잘 해낸다면 컴퓨터는 저 뒤쪽으로 물러나고 소통의 표면에 인간적인 개성이 드러나게 됩니다. 이 목표를 성취하기 위해서는 사람들이 현실 세계에서 다른 이들과 어떻게 소통하는지를 살펴봐야 합니다.

최근에 실제로 관계를 맺은 사람을 떠올려보세요. 아마도 산책 중에 혹은 어떤 행사에서 만났거나 아니면 친구가 소개해주었을 것입니다. 이어진 대화는 매력적이었거나 흥미를 끌었거나 혹은 아주 재미있었겠죠. 그 사람의 어떤 점 때문에 그 대화가 그렇게 즐거웠나요? 서로 통하는 관심사가 있어서 불꽃 튀는 대화가 오고 갔을 수도 있었겠죠. 하지만 그 만남이 기억에 남는 진짜 이유는 따로 있을 것입니다. 바로 그들의 개성에 매력을 느꼈기 때문입니다. 그 개성 때문에 여러분은 낯선 이와의 대화에 참여한 것이고, 그들에게 흥미

[1] 서로 간의 커뮤니케이션뿐만 아니라 행위까지도 전달되는 것을 위한 디자인을 말한다.

를 느낀 것이죠. 함께 나눈 농담과 목소리의 톤, 대화의 억양에 그들의 개성이 교차하여 투영된 것입니다. 이로 인해 여러분은 무의식중에 세운 방어막을 내리고 이 새로운 인물을 신뢰하게 되었습니다. 이렇게 개성은 관계를 발전시키는 역할을 하며, 정서적인 교감을 위한 통로로 작용합니다.

그 기억을 그대로 가져와서 이 책에 적용해볼까요? 여러분이 새로운 디자인 프로젝트를 시작했을 당시 가졌던 설렘과 흥분, 기대감을 떠올려보세요. 바로 그 느낌이 우리가 감성 디자인을 통해 만들어내고자 하는 것입니다. 우리는 그 흥분된 느낌을 만들어낼 것이고, 우리의 인터페이스가 구현할 개성을 디자인해서 사용자와 함께하는 유대감을 만들어낼 것입니다.

우리가 만드는 디자인은 그저 다리만 놓고 서로 교류한다는 식의 흉내내기가 아닙니다. 우리의 디자인이 사용자와 함께 대화하고 영감을 얻게 될 파트너, 즉 사람을 표현한다고 생각해보세요. 제품이 바로 사람인 것입니다.

다시 말하지만, 오늘날 우리가 하는 일이 무엇인지는 역사에서 알 수 있습니다. 디자이너가 자신의 작품에 담을 더 많은 인간 경험을 만들기 위해 수세기 동안 개성을 가지고 실험해왔다는 것은 잘 알려진 사실입니다.

디자인 역사에 나타난 인간의 특성 혹은 개성

인간은 자신이 만드는 작품에 인간적인 특성을 주입해온 것은 오래된 일입니다. 기계적인 것을 좀 더 인간적으로 만들기 위한 것이었죠. 금세공인이자 인쇄기를 만들었던 요하네스 구텐베르크 Johannes

그림 3.1: 구텐베르크의 가동활자는 대서인의 필체와 많이 닮았는데, 여기에는 기계로 필사한 성경이 인간에 의해 쓰인 것처럼 느껴지게 하고자 하는 의도가 담겨 있었습니다(출처: http://bkaprt.com/de/3).

Gutenberg가 15세기에 가동활자를 가지고 실험했을 때, 그에게 영감을 준 것은 인간의 손이었습니다. 인쇄기가 발명되기 전에는 보통 수도승으로 구성되었던 대서인[2]들이 깃펜과 잉크로 종교 서적을 한 장씩 베껴 써서 필사본을 만들었는데 여간 힘든 일이 아니었습니다. 성경을 필사하는 것은 성스러운 일이었고, 대서인들은 신의 말씀을 전하는 사람으로 인식되었습니다. 이런 이유로 필사본에서 손은 영적으로 아주 중요한 위치를 차지했습니다.

그래서 구텐베르크가 자신이 디자인한 원본 활자를 이용해서 수백 권의 성경을 인쇄했을 때 그 서체의 디자인은 대서인들의 필체를 많이 닮아 있었습니다. 그는 신의 말씀을 전하기 위해 기계를 만들었지만 힘들게 노력한 끝에 결국 보여진 것은 바로 인간이었던 것

[2] 남을 대신하여 서류나 편지 따위를 써주는 일을 직업으로 하는 사람

그림 3.2: 폭스바겐 비틀의 전면과 중심부 디자인에서 인간적인 면모를 찾아볼 수 있는데, 바로 이 점 때문에 비틀이 세대를 아우르며 크게 성공할 수 있었습니다(출처: http://bkaprt.com/de/4).

입니다(그림 3.1).

대량생산이라는 시스템이 거의 모든 산업에 침투해 인간의 자리를 밀어낸 20세기에도 인간의 특성이 뚜렷한 디자인을 찾아볼 수 있습니다.

1938년 출시되어 2003년까지 생산된 폭스바겐 비틀은 자동차 역사상 가장 많이 팔린 디자인입니다. 그 성공의 바탕에는 인간의 특성이 뚜렷하게 드러난 디자인이 있었습니다(그림 3.2). 이 자동차는 '국민자동차'로 인식되었는데, 의인화된 디자인으로 인해 자동차라기보다는 사람처럼 느껴졌습니다. 차는 차인데 사람 같은 차인 것이죠. 동그란 헤드라이트는 사람의 눈을 나타냈고, 둥그렇게 부풀려진 후드는 우리를 보고 웃는 듯합니다. 아이 얼굴을 무조건적으로 좋아하는 인간의 심리를 전형적으로 보여주는 디자인이죠.

비틀은 처음부터 인간의 특성을 보여주려는 목적으로 만들어진 것은 아닙니다. 공기역학을 고려해서 디자인된 것이었음에도 불구하고 비틀의 항상 웃는 '얼굴'은 끊임없이 희망적이고 재미있는 것을 보여줍니다. 이것이 바로 70년이 넘는 세월 동안 급격하게 이뤄진 문화적 변화에도 불구하고 세대를 아울러 비틀과 유대감을 형성하기 쉬웠던 이유입니다.

운전자를 반겨주는 비틀의 미소는 우리의 감성을 자극하고, 특별한 관계를 형성합니다. 그 미소가 사물에게서 온 것이라 해도 웃는 얼굴을 무시해버리기란 어려운 일입니다. 우리는 이렇게 단순한 상호작용으로부터 이 차를 하나의 페르소나^{persona}로 구축했고, 이를 이용해 게임을 했으며(Slug bug red! 3), 심지어 비틀은 영화 주인공이 되기도 했습니다('The Love Bug'의 허비 역). 우리는 이 경험을 통해 추억을 만들었고, 추억은 반대로 우리에게 비틀이 불러일으키는 긍정적인 정서를 환기시킵니다.

디자인에 인격을 효과적으로 사용한 예로써 구텐베르크의 성경과 폭스바겐의 비틀 또한 흥미로운 사례이지만, 애플의 'Get a Mac' 광고를 능가하는 경우는 결코 찾을 수 없습니다. 이 광고를 보면 배우 저스틴 롱$^{Justin Long}$이 젊은 힙스터^{hipster} 4인 '맥'을 맡았는데, 맥은 복잡한 문제들을 손쉽게 해결합니다. 반면 그와 짝이 되는 PC - 존 호그만$^{John Hodgman}$이 맡은 이 역할은 전혀 멋지지 않은, 얼간이 같은

---

[3] Slug bug은 폭스바겐 뉴비틀의 별명이다. 미국 어린이들은 길에서 빨간색 폭스바겐 뉴비틀을 보면 "Slug bug red!"라고 먼저 외친 사람이 상대방을 때릴 수 있는 게임을 한다.

[4] 1940년대 미국에서 사용하기 시작한 속어로, 유행 등 대중의 큰 흐름을 따르지 않고 자신만의 고유한 패션과 음악 문화를 좇는 부류를 뜻한다.

캐릭터-는 모든 일을 망쳐버려서 맥을 돋보이게 합니다. 이 광고는 소비자에게 각 제품의 서로 다른 개성을 체험하도록 하는데, 바로 소비자가 자신의 컴퓨터와 맺고 있을지도 모르는 관계와 비교해보고 차이점을 느끼도록 하는 것입니다. 그들은 사양이나 기능에 대해 이야기하지 않고 단지 맥 컴퓨터를 구매했을 때 어떻게 느낄지를 보여줍니다.

디자인 역사에 나타난 인간의 특성, 혹은 개성을 염두에 두고 현재로 돌아와봅시다. 여러분과 제가 사용자를 이해하려고 열심히 노력하고 있으며, 호소력 있는 웹 경험을 만들어내기 위해 최선을 다하고 있는 현재로 말입니다.

페르소나

현대 웹디자인 분야에 종사하는 우리는 사용자의 태도와 동기를 고려하며 조사하고, 계획을 세우고, 디자인을 창조합니다. 사용자 경험 디자이너는 사용자를 인터뷰한 후 페르소나를 창조합니다. 페르소나는 대규모 집단을 대표하는 전형적인 사용자 한 명에 대한 일체의 자료를 모두 모은 것이라고 생각하면 됩니다. 사용자 리서치가 만들어낸 결과물로서 페르소나는 웹디자인팀이 자신의 대상이 되는 사용자를 잘 알고, 그들의 요구에 계속 초점을 맞출 수 있도록 합니다.

그림 3.3에서 보여지는 페르소나의 예는 메시지퍼스트(http://messagefirst.com)의 수석 디자이너인 타드 자키 워플[Todd Zaki Warfel]이 제작한 것인데, 특정한 부류의 사용자 줄리아[Julia]의 이야기를 들려줍니다. 이 서류를 통해 우리는 그녀에 대한 각종 자료, 그녀의 관심사, 그녀가 다양한 주제에 대해 가지고 있는 전문성에 대해 알게 됩니

THE INFLUENCER

Julia

Age: 19 - 22; Sophomore; Journalism & Communications

Goals: Get a "Big City College" education; cosmopolitan experience; Build resume with internship; Take new/different courses; Make new/different friends; Experience different cultures

Pain Points: Limited courses offered; Costs; Organization (too much or not enough); Advantages are hidden; Challenging to transfer credits

My internship provided me with the opportunity to work in Times Square. I just love all of the lights, action, and excitement!

Julia has been taking Spanish since high school and is excited to study abroad in Buenos Aires next spring. She's traveled a little in the past—to Great Britain for a vacation with her family and to Mexico for a missions trip—but this is her first time going abroad alone. Though she has other friends who also plan to study abroad, she wanted to go at a different time so she would be forced to make friends with the locals and truly immerse herself in the culture. She's heard from friends that the maturity level of some of the students plummets the moment they step on the plane to study abroad. She hopes they don't make her look like a "stupid American."

She's also heard that the dorms in Buenos Aires aren't great, which solidified her decision to do a homestay. However, she's concerned about commuting to classes, which she hopes to take at the NYU campus as well as a local university—if the credits transfer. She doesn't have a lot of extra cash and is interested in a work study to pay for souvenirs and some travel around Argentina. Speaking Spanish on the job would also be great practice, but she isn't sure what sort of opportunities there are, or even if she's allowed to work.

Knowledge

Lifecycle

Activities and Interest

Influencers

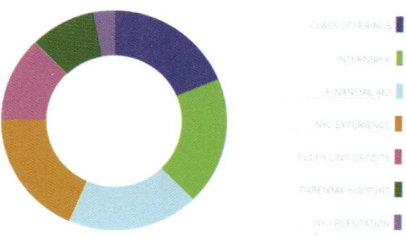

messagefirst | design studio

그림 3.3: 페르소나를 이용하면 사용자의 요구에 초점을 유지하며 디자인 과정을 이끄는 데 도움이 됩니다.

다. 또한 프로젝트와 밀접한 관련이 있는 주제에 대해서 그녀가 결정을 내리는 데 무엇이 영향을 주었는지 알게 됩니다. 말하자면 줄리아가 어떤 사람인지에 대한 이해가 시작되는 것이죠. 우리는 그녀의 개성을 알게 되는데, 이는 그녀가 어떤 일을 하게 되는 동기를 이해하는 데 도움이 될 뿐만 아니라 그녀를 위한 디자인의 틀을 결정하는 데도 도움이 됩니다.

줄리아는 비록 살아 있는 사람은 아니지만 특정 사용자 집단을 대표합니다. 그녀는 가공 인물이면서도 그 토대는 메시지퍼스트를 운영하는 사람들이 실제로 아는 누군가에 기반합니다. 가까운 곳에 있는 실제 인물을 활용하여 페르소나를 창조하는 것입니다. 디자인하는 데 있어 애매한 지점에 이르렀을 때, 다른 말로는 특정 인터페이스에서 자신의 사용자가 어떤 인식과 가치를 가지고 어떤 행동을 하게 될지 확신할 수 없을 때 그들은 그저 사용자에게 전화해서 물어보면 됩니다. 이는 더 나은 디자인 해법을 만들어내는 데 도움이 될 뿐만 아니라, 그들이 만드는 제품을 사용할 살아 있는 사람에게 계속해서 집중하도록 합니다.

1장의 욕구단계이론에서 보았듯이 우리는 모든 사용자에게 우리의 디자인이 기능적이고 신뢰할 만한 것이며, 사용성 또한 좋은 것이어야 한다는 사실을 잘 알고 있습니다. 사용자를 이해함으로써 우리는 그들의 요구를 더욱 심사숙고할 수 있습니다. 이 정보는 또한 우리가 욕구단계의 최상위층인 즐거움의 문제를 해결하는 데 도움이 됩니다. 우리에게 디자인이 나타내는 개성에 대한 실마리를 주기 때문인데요. 우리는 이 개성과 정서적 교감을 형성할 확률이 큽니다.
페르소나는 디자인 과정에서 쓸 수 있는 표준 도구이기는 하지만, 우리가 사용자와 맺는 관계에 대한 부분적인 그림만을 제공할 뿐입니다. 우리는 그들이 누구인지 알고 있습니다. 그런데 정작 디자인을 하는 우리 자신은 어떻습니까? 우리는 누구인가요? 우리는 자신에 대해 얼마나 알고 있을까요? 이 책의 앞장에서 저는 제품이 사람일 수도 있다고 언급했습니다. 이 생각을 따라가보면 우리의 디자인 역시 사용자의 페르소나를 돋보이는 도구로 사용되는 페르소나를 가져야 하는 것은 아닐까요? 그렇죠. 네, 바로 그것입니다.

웹사이트를 위한 디자인 페르소나 만들기

여러분이 만든 웹사이트가 사람이라면 어떤 사람일까요? 심각한 표정으로 입을 꾹 다문 전형적인 비즈니스맨이지만 착실하고 능력 있는 사람? 아니면 재미없는 일도 재미있게 만들 수 있는 재치 있는 친구?

사용자의 페르소나와 비슷한 구조를 따라가보면 여러분의 디자인이 가진 개성에 살을 붙일 수 있습니다. 디자인 페르소나를 창조하는 것이죠. 페르소나의 인격은 인터페이스 속에서 시각디자인과 문구, 인터랙션을 통해 스스로를 드러냅니다. 디자인 페르소나는 각 영역에서 개성이 드러나는 방식을 설명하며, 이는 웹팀이 통일되고 일관성 있는 결과를 만들어내는 데 도움이 됩니다. 목표는 저스틴 롱과 존 호그만이 'Get a Mac' 광고에서 보여준 것처럼 개성의 모든 면면을 명확하고 상세하게 서술하는 것입니다.

저는 메일침프MailChimp를 위해 살아 있는 디자인 페르소나를 만들었는데요. 그를 살펴보기 전에 문서 구성요소를 점검하도록 합시다. 다음은 여러분이 디자인 페르소나에 포함해야 할 목록입니다.

브랜드 이름: 여러분의 회사 또는 제공하는 서비스의 이름

개요: 여러분의 브랜드가 가진 개성에 대한 간단한 소개. 여러분의 브랜드 개성을 특별하게 만드는 요소는 무엇인가요?

개성 이미지personality image: 여러분의 브랜드가 포함했으면 하는 특성을 담은 실제 사람의 이미지입니다. 이 이미지로 인해 개성은 현실감을 갖게 됩니다. 유명인사를 한 명 고르거나 여러분의 팀에게 익숙한 누군가를 고르세요. 여러분의 브랜드가 마스코트를 가지고 있거나 개성 있는 대표 이미지가 있다면 그것을 써도 좋습니다. 브랜드의 개성을 알릴 수 있는 마스코트의 속성을 묘사하세요.

브랜드 특성: 여러분의 브랜드를 가장 잘 설명하는 일곱 가지 특징을 나열해보세요. 그리고 여러분이 배제하고 싶은 특징도 나열해보세요. 여러분의 브랜드를 잘못된 방향으로 인도하는 특성을 빼고 나면 일관된 개성을 창조하기 위해 디자인 페르소나를 디자인하고 작성하는 과정에 도움이 될 것입니다.

개성 맵personality map: 우리는 X/Y축 위에 개성들을 위치시킬 수 있습니다. X축은 개성의 친근감 정도를, Y축은 순종적인지 지배적인지를 보여줍니다.

어조: 여러분의 브랜드가 말할 수 있다면 어떤 방식으로 말할까요? 뭐라고 할까요? 서민적인 사투리로 말할까요? 아니면 세련되고 박식하게 말할까요? 여러분의 브랜드가 가진 어조의 특징적인 면을 설명해보세요. 그리고 그 어조가 다양한 환경에서 어떻게 변하게 될지에 대해서도 서술해보세요. 사람들이 상황에 맞추기 위해 자신의 말투와 어조를 바꾸듯 여러분의 브랜드가 가진 어조도 마찬가지로 변할 것입니다.

예시 문구: 여러분이 만든 인터페이스 내부에서 펼쳐지는 다양한 상황에서 어떤 문구가 쓰일 수 있을지, 사례를 들어주세요. 작가들이 여러분의 디자인 페르소나가 소통하는 방식을 더 잘 이해할 수 있도록 하기 위함입니다.

시각적 어휘 목록visual lexicon: 이 문서를 여러분 자신을 위해 혹은 디자인팀을 위해 만들고 있다고 해도 여러분의 디자인 페르소나를 위한 시각적 어휘 목록을 작성할 수 있습니다. 여기에는 브랜드의 인격을 보여주는 색상과 서체, 비주얼 스타일에 대한 개괄적인 소개가 포함됩니다. 여러분은 이러한 개념들을 대략적으로 보여줄 수도 있고, 아니면 무드보드mood board를 포함할 수도 있습니다(http://bkaprt.com/de/5).

교감 방법: 여러분의 인터페이스에서 정서적인 교감을 나눌 수 있는 방법을 기술해 보세요. 디자인 페르소나를 지탱하고 기억에 남는 경험을 만들어내는 데 도움이 될 것입니다. 여기에 관해서는 다음 장에서 더욱 자세히 알아보겠습니다.

이제 우리는 실제 사례를 보려고 합니다. 메일침프 사이트에 나타난 사용자 경험 디자인을 바탕으로, 우리가 하는 일을 보여줄 수 있도록 디자인 페르소나를 하나 만들어보았습니다. 방금 본 것과 같은 구조를 따라가면서 우리가 사용하는 문서를 살짝 축약된 형태로 살펴보겠습니다.

브랜드 이름: 메일침프

개요: 메일침프의 얼굴인 프레디 폰 침펜하이머 4세Freddie Von Chimpenheimer IV는 브랜드 개성의 완성체입니다(그림 4). 프레디의 튼튼해 보이는 몸집은 애플리케이션의 힘을 보여주며, 바쁘게 행동하는 모습은 사람들로 하여금 이 브랜드가 비즈니스를 위한 것임을 알게 합니다.

프레디는 언제나 친절한 미소를 띠고 사용자를 맞이하여 사람들로 하여금 편하게 느끼도록 합니다. 만화 양식으로 그려진 캐릭터는 메일침프가 재미있고 격의 없는 경험을 제공한다는 것을 말해줍니다. 그렇습니다. 그는 만화로 그린 원숭이일 뿐이지만 어쨌거나 상당히 멋집니다. 그는 재치 있는 농담도 즐기지만 상황이 심각해지면 웃음기를 지우고 진지해집니다.

메일침프는 종종 사용자를 놀래킵니다. 재미난 부활절 달걀이라든가 배꼽을 잡게 하는 유튜브 동영상 링크 같은 걸로 말이죠. 둘러보면 어디에나 재미 요소가 있지만 작업 흐름을 방해하는 법은 결코 없습니다.

개성 이미지: 그림 3.4

브랜드 특성: 재미있지만 유치하지는 않은. 재미있지만 바보 같지는 않은. 강력하지만 복잡하지는 않은. 유행에 밝지만 소외감을 느끼게 하지는 않는. 쉽지만 지나치게

그림 3.4: 메일침프의 마스코트인 프레디 폰 침펜하이머 4세

단순하지는 않은, 신뢰가 가지만 따분하지는 않은, 편안하지만 헐렁하지는 않은.

개성 맵: 그림 3.5

어조: 메일침프의 어조는 친근하고 익숙하며 무엇보다 인간적입니다. 브랜드 저변에 있는 사람들의 특성이 진솔하게 빛을 발하고 있습니다. 메일침프는(어머니께 전해드려도 문제없을 만한) 가벼운 농담을 던지고, 이야기를 들려주며, 오랜 친구와 이야기할 때 나올 법한 소탈한 어조로 말을 건넵니다. 메일침프는 'do not' 대신에 'don't'와 같은 축약형을 사용합니다. 진짜 사람들이 대화할 때 쓰는 것처럼요. 메일침프는 "흐음hmmmmm…"과 같은 음향 효과를 사용해서 여러분이 열심히 생각할 때와 같은 소리를 냅니다. "앗, 끔찍한걸!Blech, that's awful!"과 같은 말로 공감대를 형성하기도 합니다. 또한 소문자 형태와 버튼 텍스트를 이용해 브랜드의 친근함을 강조합니다.

예시 문구

성공 메시지: "하이파이브! 당신의 목록을 불러왔습니다."
에러 메시지: "저런, 이메일 주소 넣는 걸 깜빡하신 것 같네요."
주요 장애를 알리는 메시지: "우리 서버 하나가 일시적으로 다운되었습니다. 이미 우리 엔지니어들이 현장으로 출동했으니 곧 해결될 것입니다. 기다려주셔서 감사합니다."

그림 3.5: 메일침프의 개성 맵

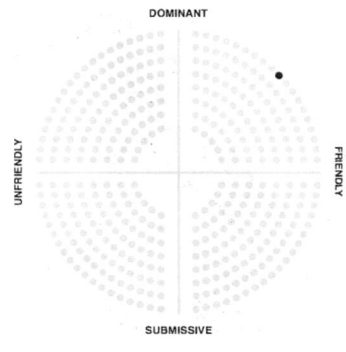

시각적 어휘 목록

색상: 메일침프는 밝지만 살짝 채도를 낮춘 색채 팔레트를 사용하여 재미있고 익살스러운 느낌을 줍니다. 아이들 놀이방처럼 알록달록하지는 않지만 정돈된 느낌입니다. 메일침프는 재미있지만 강력한 느낌을 전달해야 하니까요.

서체: 메일침프는 소탈하고 효율적이며 사용하기 쉽습니다. 그 느낌은 서체에도 반영되어 있습니다. 간소한 산세리프체로 쓰인 제목과 본문은 다양한 크기와 두께로 적절히 사용되었습니다. 또한 정보의 위계를 색깔로 알려줍니다. 이를 통해 메일침프는 기능적이기도 하고 사랑스럽기도 한, 친근하고 편안한 카디건처럼 느껴집니다.

일반적인 스타일 노트: 인터페이스 요소는 무난하고 단순합니다. 쉽게 이해할 수 있고 공격적으로 느껴지지 않는 스타일을 유지하기 위해서입니다. 절묘하게 사용된 부드러운 느낌의 질감은 공백을 따뜻한 느낌으로 채우고 인간미를 느끼게 합니다. 프레디는 유머를 살짝 넣고 싶을 때만 가끔씩 등장합니다. 프레디는 결코 애플리케이션에 대한 피드백을 제공하거나 자료를 제공하는 등 과제를 도와주지 않습니다.

교감 방법

놀라움과 즐거움: 로그인 화면을 특정한 테마로 꾸며 공휴일이나 기념할 만한 사건, 또는 유명인사를 기념하며. 부활절 달걀easter eggs은 예상밖의 웃음을 줍니다. 향수를 불러일으키거나 키치 팝kitschy pop 문화를 연상시키기도 합니다.

기대: 각 메인 페이지 상단에 프레디가 불쑥불쑥 나타나 재미있는 방식으로 환영하

는 것은 로딩되는 다음 페이지에 기대감을 갖게 합니다. 이러한 환영 인사가 정보나 피드백을 제공하는 것은 절대로 아닙니다. 기능성이나 사용성을 결코 방해하지 않는 선에서 재미를 주는 장치일 뿐이죠.

제 사이트(http://aarronwalter.com/design-personas)에서 디자인 페르소나 템플릿과 메일침프의 예를 다운로드할 수 있으니 여러분의 다음 프로젝트나 디자인을 변경할 때 적용해보세요.

사용자 경험 디자이너들은 디자인팀과 개발팀, 그리고 콘텐츠 전략팀이 프로젝트 전반에 걸쳐 어디에서라도 이 페르소나를 볼 수 있도록 배치해야 합니다. 여러분의 디자인 페르소나는 함께 일하는 팀에게 여러분이 사용자와 형성하기를 원하는 관계에 대해 상기시킬 수 있도록 충분히 시각적이어야 합니다. 또한 디자인 페르소나는 모든 사람을 이끌 수 있는 것이어야 합니다. 그 사람이 픽셀을 하나 만드는 사람이건, 한 문단의 문구를 만드는 사람이건, 웹사이트의 프로세스를 만드는 사람이건 상관없이 말입니다.

많은 웹사이트가 이미 디자인 개성을 이용하여 사용자 경험을 구성하고 상업적인 성공에 위력을 더해가고 있습니다. 브랜드와 비즈니스의 목표, 플랫폼은 서로 다르지만 탭보츠Tapbots와 카본메이드Carbonmade 그리고 하우징 웍스Housing Works는 디자인 개성이 정서적 교감을 이루는 핵심 요소라는 것을 이미 잘 알고 있습니다. 또한 그들이 압도적인 성공을 이룬 데는 사용자와의 관계 속에서 형성된 정서적 교감이 있었죠.

탭보츠: 로봇 사랑

손쉽게 사용할 수 있는 간단한 아이폰 앱을 만드는 탭보츠(http://tapbots.com)는 인터페이스에 뚜렷한 개성을 넣어 멍청하고 따분해 보일 수도 있었을 과제를 즐겁게 만들었습니다(그림 3.6).

컨버트봇 앱은 그 이름이 말해주듯이 다양한 측정 단위를 서로 변환해줍니다. 웨이트봇 앱은 사용자가 몸무게 변화를 기록하는 것을 돕습니다. 이름이 말해주듯 이 과제들은 수행하기가 그다지 즐겁지 않은 것들입니다. 특히 몸무게 기록 같은 경우, 자존심을 확 구겨버릴 수도 있죠. 하지만 앱 디자인에 열광하는 사람들이 생겼고, 그로 인해 놀라운 성공을 거두었습니다.

이 두 앱은 얼굴이 달린 로봇처럼 보입니다. 사용자와의 모든 교감이 이 얼굴에서 이루어집니다. 꼭대기에 있는 어두운 패널은 쿨 모 디Kool Moe Dee 5의 선글라스를 닮았는데, 이 멋진 선글라스는 살짝 삼각형으로 생긴 코와 커다란 입 위에 떡하니 걸쳐져 있습니다. 여러분이 몸무게를 관리해야 한다면 사이보그 쿨 모 디가 좋은 동반자가 되어줄 것입니다.

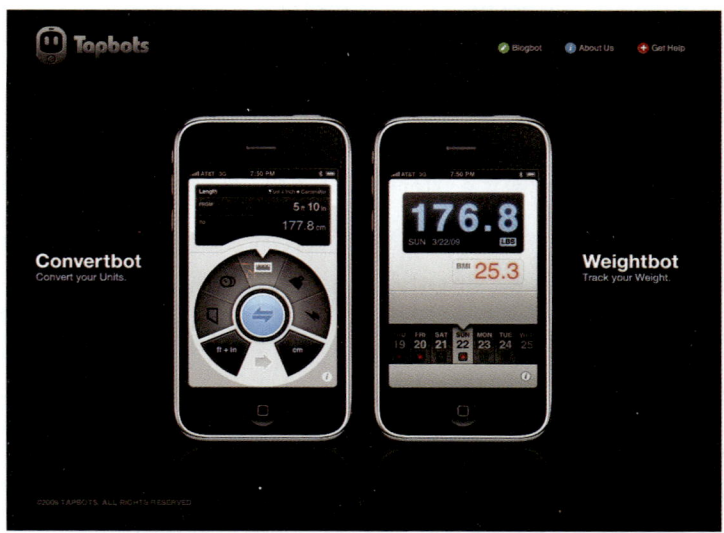

그림 3.6: 작고 사랑스러운 로봇처럼 생긴 탭보츠의 앱은 당신이 하기 싫어하는 일들을 한꺼번에 그리고 빠르게 처리합니다.

이 앱이 다른 아이폰 앱들과 다른 점은 인터페이스가 인간을 흉내 낸 것이 아니라 진짜 로봇처럼 보인다는 것입니다. 탭보츠 앱의 디자이너 마크 자댕Mark Jardine에게 영감을 주어 사용자 인터페이스에 디자인 개성을 부여하도록 한 장본인은 한 로봇이었습니다.

> 전반적인 UI 콘셉트는 영화 '월·E WALL·E'에서 많은 영감을 얻었습니다. 맨 처음 만든 두 개의 앱에서 우리가 가졌던 콘셉트는 그 앱이 실제 로봇인 것처럼 보이게 디자인하는 것이었습니다.
> 우리는 우리 앱이 진지하게 사용되기를 원하지만 단순한 소프트웨어 이상의 무언가라는 느낌을 주었으면 좋겠습니다. 우리는 사용자가 우리 앱과 정서적인 교감을 갖기를 바랍니다. 대부분의 사람들은 기계광과는 달라서 소프트웨어 자체에 대한 애정이나 기쁨 따위는 없으니까요.

사용자는 만화 같기도 하고 진짜 같기도 한 이 인터페이스에 열광적으로 반응하며 감정을 이입합니다. 사실 이 인터페이스는 로봇이 내는 것 같은 윙윙거리는 소리와 삐 소리, 깜빡이는 불빛 덕분에 더욱 진짜처럼 보이기도 합니다. 신체적인 특징이나 성격적인 특징에서 '월·E'와의 유사점이 분명히 보이는데, 둘 다 친근하고 사랑스러우며 믿을 만합니다.

과학기술 분야 블로거인 존 그루버John Gruber는 탭보츠 앱에 대한 사용자의 감흥을 간단한 논평으로 요약하고 있습니다(http://bkaprt.com/de/6).

> 나는 이 앱의 생김새와 소리가 너무 좋습니다.

역설적이게도 그루버는 앱의 기능성에 대해서는 언급조차 하지 않

---

[5] 1980~90년대 올드스쿨 힙합 아이콘이었던 래퍼. 항상 쓰고 다니던 커다란 선글라스는 그의 트레이드마크였다.

습니다. 그 부분은 앱에 대한 평가에 함축되어 있습니다. 그는 '너무 좋다adore'라는 단어를 사용합니다. 그루버는 이 앱을 그저 맘에 들어 하는 것이 아니라 앱에 애정을 주고 있습니다. 의인화된 인터페이스는 사용자에게 인격을 가진 생명체와 소통하고 있다는 느낌을 줍니다. 어떤 정서적인 교감이 가능해지는 것이죠. 감성에 다가갈 수 있는 인터페이스는 폭넓은 팬층을 확보하는 데 효과적일 뿐만 아니라 이 앱의 전도사를 대거 양성합니다.

브랜드 개성은 다음 사례인 카본메이드에서도 잘 나타나 있습니다. 효과적인 브랜드 개성을 만들어 사용자에게 큰 반향을 불러일으켰던 사이트죠. 자, 그러면 콧수염 달린 괴짜들이 둥둥 떠다니는 바다에서 수영 한번 해보실까요?

카본메이드: 문어, 유니콘, 그리고 콧수염

브랜드 개성은 독특하고 진실해야 사용자와 관계를 형성할 수 있습니다. 그저 관심을 끌기 위한 수단으로서 개성을 사용한다면 오히려 역효과를 낼 수도 있습니다. 2장에서 살펴본 것처럼 우리의 뇌는 좋은 것과 나쁜 것을 귀신같이 알아채도록 구조화되어 있습니다. 사람은 디자인에서 부자연스럽거나 진짜가 아닌 개성이 있다면 단박에 알아챌 것입니다. 그리고는 얼른 짐을 싸서 떠나겠죠. 장담하건대 다시는 여러분의 브랜드를 신뢰하지 않을 것입니다.

작지만 똑똑한 웹 앱 카본메이드(http://carbonmade.com)는 사람들이 포트폴리오를 세련되게 디자인하는 것을 도와줍니다. 이들은 사이트를 통해 자신의 개성을 드러내는데요. 지미 스튜어트Jimmy Stewart의 진솔함과 에디 이자드Eddie Izzard의 바보 같은 매력이 폭발적이면서 절묘하게 결합되어 있습니다. 이상야릇하면서도 환상적인 홈페이지의 여기저기에서는 문어와 유니콘이 뛰놀고 있습니다(그림

3.7). 컨버전 기반의 사이트[conversion-focused site 6]로서는 이례적이죠.

이 별난 개성과 농담조의 유머는 디자이너 데이브 고럼[Dave Gorum]의 마법으로 이루어진 것입니다. 이 개성 때문에 냉소적인 디자이너와 아티스트마저도 고무되어 너도나도 사이트에 가입했다는 사실은 이미 알려진 바입니다. 고럼은 이렇게 설명합니다.

> 나의 규칙은. 과거에도 그랬고 지금도 그럴지만, 메시지에 집중할 수 없게 하는 바로 그 지점에다 재미를 더하는 것이다.
> 우리는 편안하면서도 제정신이 아닌 분위기를 유지하여 사람들이 더 쉽게 가입 버튼을 클릭하도록 했다. 이것이 과하면 정말 바보짓이 되어버리는 수도 있다. 사실 마케팅 사이트를 만들 때는 좀 과하긴 했다. 관리자 도구를 만들 때는 약간 자제하는 차원에서 기획했던 캐릭터를 실제 사이트에 적용할 때 모두 빼버린 적도 있다. 겉으로 보기에는 그냥 요란스럽고 우스꽝스럽게 생긴 거대한 크기의 사탕인데, 그 속에는 무려 스위스 공법으로 만든 쫀득쫀득한 누가[nougat 7]가 들어 있어 대단했다!

카본메이드의 유머와 개성은 리버스 멀릿[reverse mullet 8]의 스타일처럼 반전이 있습니다. 앞에서는 농담을 던지고 떠들어대며 장난스럽게 굴지만 그 뒤에는 진지한 사업적 의도가 있는 것입니다. 애플리케이션에 쓰이는 데 정도가 지나치다고 생각되는 개성에 대해서는 절제했고, 이렇게 함으로써 사용자가 콧수염의 바다에서 길을 잃지 않고 작업 흐름에 집중할 수 있도록 합니다. 이 부분은 4장과 7장에서 더 자세히 살펴볼 예정입니다만, 사이트의 격의 없는 어조는 방문객이 편안하게 서비스를 구독할 수 있도록 친밀한 관계를 형성합니다. 이를 이해하지 못하는 경쟁업체라면 카본메이드 사이트는 까불기만 할 뿐 핵심이 없다고 생각할 수도 있습니다.

[6] 전환율을 높이는 것을 목적으로 제작한 사이트로, 대개 그 목적이 사이트에 드러날 정도로 간단명료한 디자인이 많았다.

그림 3.7: 카본메이드는 일반적이지 않은 개성을 사용하여 새로운 사용자들을 유인합니다.

---

[7] 끓인 설탕에 각종 견과류와 잘게 썬 버찌 등을 넣어 설탕 결정체가 형성되지 않은 반죽 상태로 만든 것과 여기에 초콜릿이 첨가된 것을 총칭한다.
[8] 한쪽은 길게 기르고 다른 한쪽은 빡빡 깎은 헤어스타일. 1980~90년대 선풍적인 인기를 끌었다.

격의 없는 어조를 사용하는 것은 우리 사이트를 찾아준 방문객과 쉽게 대화의 물꼬를 틀 수 있도록 한다. 우리는 고객에게 정말로 말 걸기 쉬운 얼간이 같은 친구가 되고 싶고, 그들이 멋진 포트폴리오를 만들 수 있게끔 도와주고 싶다.

능글맞은 웃음이든 얼간이 같은 면이든 어떤 것이든지 간에 우리의 어떤 점 때문에 경쟁업체들이 위협을 느끼지 않고 우리를 편안하게 받아들인다면 어쨌거나 아주 잘된 일이다.

사용자는 카본메이드를 다른 업체와 비교할 수밖에 없습니다. 카본메이드가 가진 브랜드 개성은 사용자가 보기에도 다른 업체와 확연히 구분되는 대비를 만들어냅니다. 우리가 2장에서 살펴본 것처럼 대비는 의사결정 과정의 핵심이 되는 부분입니다.

유머는 카본메이드의 개성에서 핵심이 되는 부분입니다. 하지만 모든 유머가 언제나 적절한 것은 아닙니다. 우리는 자신의 어떤 부분을 다른 이들과 공유하고자 하는 욕구가 있습니다. 이런 욕구는 우리가 디자인 개성을 만들고 사용자와 공감대를 형성하는 데 도움이 됩니다. 우리는 모두 다양하고 폭넓은 감성을 가진 복잡다단한 존재입니다. 감성 디자인을 하려고 한다면 우리가 가진 개성을 콘텐츠와 사용자에게 맞추어 조절해야 합니다.

이 일을 하우징 웍스만큼 잘 해내고 있는 사이트가 얼마나 될까요? 하우징 웍스가 메인 페이지에 사람들의 얼굴을 제시하는 데는 중요한 이유가 있습니다.

하우징 웍스: 실명이 붙은 얼굴 사진

현실 세계에서와 마찬가지로 사이트가 보여줄 수 있는 개성에 위트와 유머만 있는 것이 아닙니다. 어떤 상황에서는 다른 전략이 필요합니다.

하우징 웍스(http://housingworks.org)는 AIDS와 노숙인[homelessness] 문제를 해결하기 위해 노력하는 비영리재단으로, 이들의 활동은 많은 이에게 영감을 주고 있습니다. 하우징 웍스는 매일의 삶을 변화시킵니다. 그들이 들려주는 스토리는 사람들에게 공감을 불러일으키고, 친절함이란 무엇인지 보여주며, 누군가에게 희망이 됩니다.

2008년 해피코그(http://happycog.com)가 하우징 웍스 웹사이트의 디자인 개편 작업을 했을 때(그림 3.8) 이 디자인 프로세스에 영감을 불어넣은 뮤즈는 바로 이 조직이 가진 개성과 이 서비스의 대상이 되는 사람들이었습니다. 하우징 웍스의 수석 디자이너인 댄 몰 Dan Mall은 이렇게 설명합니다.

> 하우징 웍스의 심장은 바로 서비스를 제공하는 사람들과 서비스를 받는 사람들입니다. 이 사실은 아주 명백합니다. 따뜻함과 보살핌은 우리 사이트를 설명하는 모든 것입니다. 이런 방향성을 잡고 나니 지금 여러분이 보는 사이트를 디자인하는 것은 매우 쉬운 일이었습니다.

홈페이지를 보면 커다란 사진과 하우징 웍스가 어떻게 삶을 변화시켰는지에 대한 인용구들이 눈에 띄게 배치되어 있습니다. 이 장치는 조직의 개성을 전달하는 동시에 방문자의 마음을 움직이게 합니다. 미소 띤 얼굴과 그들의 개인사를 부드럽게 교차시켜 보여주는 이 사이트는 진정한 사람과 사람 간의 소통을 이루어냅니다.

방문자의 정서적 관점을 형성하는 데는 사진을 자른 방식도 한몫합니다. 사진을 주인공의 얼굴에 꼭 맞게 잘라서 얼굴을 부각시키는 비율을 유지하는 것이 이들이 고수하는 디자인 원칙입니다. 이를 통해 보는 사람의 정서적인 반응을 이끌어내고 주인공의 개성을 강조합니다. 주인공의 얼굴이 더욱 중점적으로 보이도록 사진을 자르는 기법은 주인공의 실제 생김새를 강조하기도 합니다. 하우징 웍

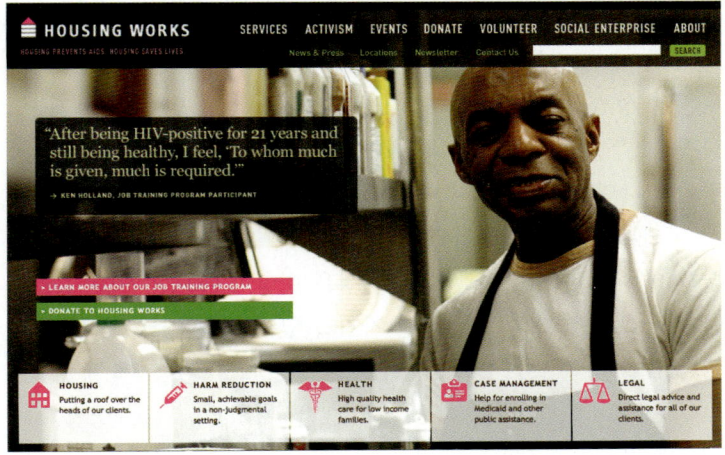

그림 3.8: 하우징 웍스는 이들이 도움을 주는 사람들의 이야기를 독자들과 나누면서 감성적 유대를 만들어갑니다.

스 홈페이지에 게시된 사진들은 거기에 묘사된 사람들의 아름다운 인간성을 볼 수 있도록 하는 역할을 완벽히 해내고 있습니다. 우리가 그들의 이야기에 공감하게 되는 것이죠.

개성의 힘

실제 세상에서 소통하는 상황에 따라 우리의 개성이 달라지듯 우리가 디자인하는 프로젝트에서도 상황에 따라 개성이 달라지는 것은 당연합니다. 모든 상황에서 통하는 만병통치약은 없습니다. 우리가 디자인하는 인터페이스를 멍청한 제어판쯤으로 여기는 방식은 그만두세요. 대신 우리의 잠정 고객이 소통하고 싶어 할 만한 사람이라고 생각하는 것입니다. 그러면 우리는 정서적인 교감이 이루어지는 경험을 만들어낼 뿐만 아니라 오래도록 변치 않는 인상을 줄 수 있을 것입니다.

여러분이 사용자 경험에서 개성을 강조했을 때 좋아하지 않는 이들도 있을 수 있다는 것을 염두에 두세요. 그래도 괜찮습니다. 서로 다른 개성끼리는 부딪힐 수 있거든요. 사업적인 면에서는 그것도 긍정적인 일일 수 있습니다. 여러분의 개성을 이해하지 못하는 사람이 있다면, 그들은 그저 여러분과 맞지 않는 사람일 것입니다. 사실 여러분은 이렇게 해서 고객 관련 골칫거리를 덜게 되는 것입니다. 나중에 7장에서 보겠지만, 개성은 위험이 따르는 요소입니다. 하지만 그 위험이 감수할 만한 가치가 있는 것임을 보여주는 사례가 많습니다.

개성에 기반한 디자인은 정서적 교감이라는 옷을 덧입게 됩니다. 다음 장에서 더욱 자세히 살펴보겠습니다.

4 감성적 교감

3장에서 본 것처럼 개성은 그 자체로 사용자를 사로잡는 강력한 무기입니다. 사용자는 개성을 통해 여러분이 어떤 사람인지 이해하며, 여러분이 사용자들과 소통하는 방식을 정의합니다. 여러분이 만든 사이트의 표현과 심미성 그리고 인터랙션 디자인을 정의하는 것 역시 개성이 하는 일입니다.

3장에서 살펴본 디자인 페르소나는 감성 디자인의 청사진이었습니다. 이제 우리는 그것을 토대로 구체적인 상호 교감 패턴을 형성할 준비가 되었습니다. 여러분의 사이트가 방문자의 마음에 긍정적이면서도 오래 지속하는 추억을 만들어내는 심리 작용의 힘을 이용하는 것이죠.

자신의 감성적인 반응을 점검해본다는 것 자체만으로도 우리는 뭔가를 배울 수 있습니다. 놀라거나 무언가를 기대하는 순간에 또는 답답하게 느껴질 때 우리는 어떻게 반응하나요? 동료보다 승진이 빠를 때, 상사가 어떤 일을 하라고 지시할 때 여러분은 어떤 느낌이 드나요? 이런 상황들은 강한 인상을 만들어냅니다. 다시 말해 우리 자신의 감성적인 반응을 자세히 살펴보면 감성 디자인을 적용하는 방식을 알 수 있다는 것입니다.

놀라움과 기쁨

좋아하는 노래를 직접 연주하는 것보다 라디오에서 흘러나오는 것을 우연히 들을 때가 훨씬 더 즐겁다는 사실을 알고 있나요? 놀라움은 우리의 감성적 반응을 증폭시킵니다. 우리가 어떤 순간을 예측할 수 있을 때 감성적인 반응은 시간이 흐르면서 희석됩니다. 놀라움은 감정이라는 것을 아주 짧은 순간으로 압축하여 우리의 반응을 더욱 격하게 만들고, 강렬한 인상을 남깁니다. 기대하지 않았던 깜짝 파티나 선물이 오래 기억에 남는 것처럼요.

2장에서 우리는 우리의 뇌가 패턴이 깨지는 순간을 감지한다는 것을 배웠습니다. 시각적인 요소 및 인지적인 요소가 대비되는 것을 인지하고 적절하게 반응할 수 있도록 한다는 것이죠. 우리가 놀라는 순간은 기대한 대로 사물이 배열되어 있지 않은, 그래서 대비가 선명한 상황을 경험할 때입니다. 놀라움을 경험하는 순간 부수적인 요소들은 흐려지고, 특별한 것에만 집중하게 됩니다.

이것은 인터페이스 디자이너에게 있어 유용한 도구입니다. 사용자의 주의를 끌어서 우리가 원하는 행동을 유도하기 위해 사용할 수 있죠. 우리는 사람들이 웹사이트와 애플리케이션을 사용하여 콘텐츠를 검색하고 처리한다는 것을 알고 있습니다. 그들이 그런 작업을 하는 동안 전적으로 집중하지 않는다는 것도 알고 있습니다. 인터페이스에 놀라움의 요소를 도입하면, 사용자가 늘 겪는 패턴에 변화를 가져와 사용자의 뇌가 평범했던 상황을 특별하게 인식하여 재평가할 수 있게 합니다.

놀라움 다음에는 항상 이에 비례한 감성적인 반응이 뒤따릅니다. 일단 뇌가 놀라움의 대비를 감지한 후에는 여기에 어떻게 반응할지 재빨리 결정해야 합니다. 느긋하게 심오하고 지적인 명상이나 하고 있을 시간이 없습니다. 그래서 뇌는 '본능적인 반응'을 만들어내는 감성에 의존합니다. 인터페이스 디자이너는 사용자에게서 이런 종류의 반응을 이끌어내는 것을 아주 좋아합니다. 놀라움이라는 장치가 의도대로 작동해서 본능적인 반응이 제대로 나오면 사용자는 이성적인 판단을 할 수 없기 때문입니다. 이성적인 판단이라는 것이 사실 사용자의 클릭이나 서비스 가입, 구매를 방해하는 요소라는 것을 생각해보면 왜 그런지 알 수 있습니다. 하지만 명심하세요. 여기서 우리의 목표는 사용자를 기만하고 꼼수를 부리려는 것이 아닙니다. 여러분이 사용자를 속이려 든다면 사용자도 언젠가는 여러분의 계략을 파악할 것이고, 여러분의 브랜드를 신뢰하지 않게 될 것입니다. 우리의 목적은 브랜드에 대한 긍정적인 인식이 확산되어 지속적인 브랜드 로열티 brand loyalty [1]를 형성하는 것입니다.

포토조조 Photojojo는 인식의 영역에서 놀라움의 요소를 자유자재로 사용하는 달인입니다. 즐거움을 고취시켜 상업적인 성공을 이끄는 거죠.

포토조조: '당기지 마시오' 막대의 비밀

포토조조(http://photojojo.com)는 디지털 사진을 더욱 재미있게 만

---

[1] 고객이 한 브랜드를 계속 찾고 구입하는 정도

그림 4.1: 포토조조의 쇼핑 카트는 구매자가 구매 물품을 추가할 때까지 입을 쭉 내밀고 있어 웃음을 자아냅니다.

들어주는 웹사이트로, 전자상거래 경험에 '놀라움'이라는 요소를 넣었습니다. 웹이 발전함에 따라 전자상거래의 인터랙션 디자인도 매우 표준화되었습니다. 사람들이 구매 과정을 배우기도 쉽고 기억하기도 쉬운 것으로 만들기 위해서죠. 하지만 포토조조는 이 정형화된 장바구니의 상호작용에 변화를 주어 놀라움을 선사합니다. 이는 고객들로 하여금 계속 쇼핑하게 하는 원동력이 되었습니다.

포토조조에는 제품 페이지마다 상단에 진짜 개성적인 장바구니가 있습니다. 장바구니는 회색으로 시무룩한 표정을 짓고 있어 이를 처음 본 사람은 왜 그렇게 되어 있는지 모릅니다(그림 4.1). 이 미스터리는 구매자가 '장바구니에 담기' 버튼을 클릭하는 순간 풀립니다. 바로 구매 물품을 나타내는 아이콘이 페이지를 가로질러 곡선을 그리며 장바구니로 이동하는 순간입니다. 불쌍해 보이던 빈 장바구니는 즉각 초록색으로 바뀌면서 기쁨에 찬 미소를 짓습니다. 이 장바구니는 물품이 들어가서 배가 불러야만 행복해지는 녀석이죠.

이 사이트를 처음 방문하는 사람들은 포토조조의 신기한 장바구니 디자인을 보고 놀랍니다. 이제까지 보던 것과는 다르니까요. 그래서 구매 물품을 장바구니에 담은 직후에 이루어지는 이 즐거운 상호작용에 더욱 집중하게 됩니다. 사용자는 그 기쁨의 순간을 다시 한 번 경험하기를 원하고, 그래서 장바구니에 더 많은 물품을 담을 것입니다. 이것이 바로 포토조조가 고객에게 원하는 것입니다.

이런 놀라움과 기쁨의 패턴은 다른 제품 페이지에서도 볼 수 있습니다. '장바구니에 담기' 버튼과 주요 제품 이미지 사이에는 용도를 알 수 없는 막대가 하나 있습니다. 여기에는 '당기지 마시오'라는 문구가 붙어 있어 사용자가 손을 대서는 안 될 것처럼 보입니다. 웹 페이지에서, 더구나 쇼핑 사이트에서 하지 말 것을 당부하는 무언가를 보는 일은 참으로 기이하고 놀라운 일입니다. 정말로 절제력 있는 쇼핑객만이 이 유혹을 떨쳐낼 수 있을 것입니다. 그러나 고객 대부분은 의지보다 호기심이 강해서 막대를 당겨보고는 깜짝 놀랍니다. 인형 팔처럼 생긴 주황색 막대가 쓱 나타나서 페이지를 위로 쭉 잡아당겨버리거든요. 이렇게 해서 아래에 있던 제품 설명 부분이 노출됩니다. 이것이 그 유명한 페이지 폴드fold 인터랙션입니다 (그림 4.2).

사용자들은 이 단순한 '제품 설명' 링크를 통해 제품의 세부적인 정보를 얻습니다. 용도를 알 수 없던 막대를 당기지 않았다면 놓쳤을 수도 있는 정보죠. 하지만 하지 말라면 더욱 하고 싶어지는 심리를 이용한 막대 덕분에 많은 사람이 세부 정보를 읽게 됩니다. 게다가

그림 4.2: 사용자가 '당기지 마시오'라는 문구가 붙은 막대를 클릭하면 화면 상단에서 인형 팔처럼 생긴 막대가 쓱 나오면서 페이지를 위로 쭉 잡아당긴다.

포토조조의 설립자 아미트 굽타^{Amit Gupta}에 따르면 이 막대는 실제로 전환율 상승에도 한몫한다고 하니 참으로 훌륭하지 않나요!

이 사이트 전반에는 사이트를 재미있게 만들어서 방문객이 다시 방문하게 하는, 보석 같은 요소들이 고루 배치되어 있습니다. 굽타는 감성 디자인이 방문객 수의 증가에 얼마나 도움이 되었는지, 그래서 포토조조의 성공에 얼마나 영향을 미쳤는지 설명합니다.

감성 디자인은 우리 마케팅 전략의 일부입니다. 사람들은 장바구니에 무언가를 담으면 페이지 상단으로 깡충 뛰어들어가는 거품 방울에 관해 친구들에게 말하고 싶어 합니다. 그들은 트위터 팔로워와 블로그 독자에게 우리의 제품 페이지에 있는

'당기지 마시오' 막대에 관해 얘기합니다. 또 연락처 페이지에 있는 샌드위치와 공룡을 얼마나 좋아하는지 언급하는 이메일을 우리에게 보내곤 합니다. 그리고 자신의 플리커 계정에 주문서 사진을 업로드합니다. 이 모든 것은 훌륭한 제품, 고객 서비스와 더불어 시너지 효과를 내고, 우리 회사를 소재로 한 대화를 가치 있는 것으로 만듭니다. 또한 새로운 팬과 고객, 그리고 친구를 우리에게로 이끕니다.

포토조조 사이트의 구석구석에는 유쾌하고 놀라운 경험이 기다리고 있습니다. 이를 통해 고객은 다음에 올 즐거움의 순간을 계속해서 찾아다니게 됩니다. 포토조조가 페이지 이동을 부추길수록 더 많은 제품이 노출되는데, 이는 판매량이 계속해서 증가하는 원동력이 됩니다. 포토조조에게 있어 성공의 핵심은 놀라움과 기쁨입니다.

1장에서 보았던 우푸를 기억하세요? 우리에게 감성 디자인의 아이디어를 소개했던 사이트죠. 이제 그들이 고객을 위한 놀라운 순간을 준비해두는 방식을 살펴보겠습니다. 그들은 놀라운 순간을 인터페이스가 아닌, 실제 우편함에 넣어둡니다.

우푸: 놀랍도록 개인적인 메시지

놀라움을 선사하는 순간이 온라인에 국한될 필요는 없습니다. 1장에서 보았듯이 우푸는 자신의 웹 애플리케이션에서 감성적인 교감을 일으키는 소통을 만들어내는 데 능숙합니다. 또한 그들은 사용자의 우편함(구식 우편함)으로 이 놀라운 경험을 배달합니다. 수천 명의 사람이 그들의 앱을 사용하지만, 우푸 운영진은 손으로 쓴 편지를 고객 한 명 한 명에게 보내 고객의 충성심에 감사를 표합니다. 자동화와 전자거래가 대세인 시대에 수천 명의 고객을 상대하는 회사의 직원이 보내온 개인적인 편지를 받는다는 것은, 여러분의 우편함에서 아주 작은 유니콘이 뛰노는 것을 발견하는 것만큼이나 진귀한 일입니다. 그야말로 사려 깊은 배려를 보여주는 것이죠. 우편함에서 애용하는 웹 앱의 디자이너나 개발자가 보낸 인간적이고도 진정성 있는 편지를 발견하는 순간, 받는 사람은 무장해제됩니다(그림 4.3).

이 편지들은 우푸 브랜드에 얼굴을 직접 마주 하고 있는 것같은 느낌을 입힙니다. 우편함에 도착한 이 놀라운 경험은 편지를 받아본 사람들 – 우푸 관계자들의 눈에 특별해 보인 사람들 – 로부터 훈훈한 반응을 이끌어냅니다. 이런 오프라인에서의 경험은 다시 온라인으로 돌아가 소문을 듣는 모든 이에게 지속적인 행동을 이끌어냅니다. 의도된 마케팅 전략은 아니지만 트위터와 페이스북, 플리커를 통해 이 편지들에 관한 얘기가 계속 흘러나오고 있습니다. 심지어 아직 우푸의 고객이 아닌 사람에게도 꾸준히 어떤 인상을 남기고 있습니다. 이들은 우푸의 고객이 될 가능성이 아주 높습니다. 왜냐하면 자신의 지인이 사적인 관심을 받는 것을 보았기 때문입니다.

사람들에게 친절과 개인적인 관심을 베풀어서 놀라게 하는 것은 그

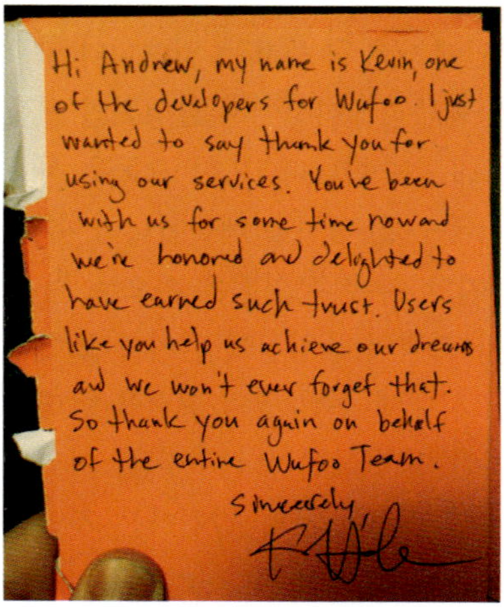

Hi Andrew, my name is Kevin, one of the developers for Wufoo. I just wanted to say thank you for using our services. You've been with us for some time now and we're honored and delighted to have earned such trust. Users like you help us achieve our dreams and we won't ever forget that. So thank you again on behalf of the entire Wufoo Team.

Sincerely

그림 4.3: 우푸 개발자들은 고객들에게 손으로 쓴 편지를 보냅니다. 사진은 우푸 사용자인 앤드루 하이드Andrew Hyde의 허락을 받고 촬영한 것입니다.

자체로 옳은 일이기도 하지만, 비즈니스 성공에도 도움이 됩니다. 우푸는 정서적으로 공감하는 경험을 만들어내면 마케팅 비용이 더는 필요 없다는 것을 발견했습니다(그렇습니다. 제대로 읽은 것이 맞습니다. 감성적인 교감은 마케팅 비용을 없애버립니다). 고객들이 알아서 마케팅을 해주거든요.

놀라움의 친척뻘인 기대심리에도 강력한 힘이 있습니다. 특히 이 기대심리를 이용해서 디자인 개편이 불러올 수 있는 위험에 대한 잠재적인 반발을 최소화하고 새로운 디자인에 대한 기대치를 높이는 인식을 형성한 웹사이트가 있습니다. 어느 사이트일까요? 계속 읽어보세요(거기서 제가 뭘 했는지 보세요).

기대심리, 벨벳 로프 velvet rope 2, 그리고 특권의식

놀라움의 순간은 감정을 아주 짧은 순간의 반응으로 압축하는 방식으로 사용자에게 도움을 줄 수 있습니다. 하지만 기대심리 – 놀라움과 시간차를 둔 반대 개념이죠 – 또한 감성적인 교감을 형성할 수 있습니다. 기대심리는 우리가 바라는 일을 예견할 때 형성되며, 사람들에게 해당 경험에 대해 생각할 수 있는 충분한 시간을 제공합니다. 부모들은 크리스마스 때 "산타 할아버지가 우리 집에 곧 오실 거야!"라는 말로 자녀로 하여금 기대에 부풀게 합니다. 연말연시의 마법과 곧 받게 될 놀라운 선물에 대한 환상을 불러일으키는 거죠.

게임 디자이너는 기대심리를 일컬어 개방형 시스템이라고 부릅니다. 심즈 The Sims처럼 개방형 구조로 고안된 게임에서는 사용자가 자

---

2 행사장이나 출입을 제한하는 구역에 설치된 임시 설치물로, 선택된 집단과 그렇지 않은 집단을 구분하기 위한 경계를 의미한다. 선택된 집단에 속한 사람은 잠겨 있는 벨벳 로프를 경비원이 열어주면 출입할 수 있는데, 그 순간 사람들은 특권을 받은 느낌과 선택받지 못한 이들의 선망을 받는다.

유롭게 돌아다니면서 자기 생각대로 게임을 만들어갈 수 있습니다. 개방형 시스템은 사람들이 상상력을 사용해서 자신이 원하는 경험을 할 수 있도록 격려합니다. 슈퍼 마리오 브라더스Super Mario Brothers처럼 폐쇄형 시스템을 사용하는 비디오 게임은 게임 플레이를 제한적인 방식으로 지휘합니다. 이는 사용자가 주어진 임무에서 특정한 방향으로 이동하도록 합니다. 사용자의 생각보다는 개발자의 의도대로 움직인다고 볼 수 있죠. 개방형 시스템과 폐쇄형 시스템의 차이는 독서가 영화 감상보다 낫다고 여기게 하는 것과 같습니다. 책에서 스토리를 전개하기 위해서는 우리의 상상력이 필요하지만, 영화는 모든 상상을 대신해주니까요.

기대심리는 개방형 시스템과 유사한 효과가 있습니다. 우리가 가진 상상력을 이용해서 앞으로 다가올 사건의 이미지를 그려보게 하는 것이죠. 기대심리는 그저 구체적인 내용을 늘어놓는 것보다 사람들에게 훨씬 더 큰 영향을 미칩니다. 아직 도래하지 않은 미래는 우리를 조마조마하게 합니다. 그런 불확실성 때문에 우리 마음은 가장 의미 있다고 생각되는 방식으로 움직입니다. 우리의 기대심리 끝에는 특별한 무언가가 기다리고 있습니다. 예측할 수 없는 상황 끝에 나타난 결과가 자신이 기대했던 것과 맞는지 확인해보고 싶은 강력한 열망을 만드는 것입니다.

트위터는 기대심리의 감성적인 저력을 사용하여 조만간 선보일 예정이었던 새로운 디자인에 대해 사용자가 미리 인식할 수 있도록 했습니다. 디자인을 미리 암시하고는 고객에게 서서히 보여주는 방법을 통해 트위터는 긍정적인 대화와 감성적인 교감이 이루어지는 열광의 도가니를 만들어냈습니다. 이는 가장 성공적인 디자인 개편 사례 중 하나가 되었습니다. 트위터가 디자인 개편 작업에서 기대심리를 어떻게 이용했는지 자세히 살펴보겠습니다.

뉴트위터

2010년 초반 트위터 직원들은 '뉴트위터'라는 단순한 이름으로 불린 대규모 디자인 개편 작업에 몰두하고 있었습니다. 트위터의 크리에이티브 디렉터 덕 바우만(Doug Bowman)은 자신의 팀과 디자인 콘셉트를 자세히 검토했습니다. 모든 시각적 디테일과 소통 방식을 점검하면서 말이죠. 트위터의 디자인 연구원 마크 트램멜(Mark Trammell)은 인터페이스가 개발되는 와중이었음에도 사용성 검사를 진행했습니다. 그들은 사용성 검사 과정을 담은 영상 자료를 디자인 스튜디오로 보냈습니다. 바우만과 그의 팀이 디자인을 그때그때 수정할 수 있도록 말입니다.

트위터를 일상의 중심으로 여기는 수억 명의 사용자들에게 새로운 디자인을 선보이는 것은 아주 큰 도박이었습니다. 이번 개편은 특히 쉽지 않았는데, 사용자들이 이전의 트위터 서비스를 열광적으로 사용했기에 그들의 마음속에 각각의 버튼과 링크, 표제 등이 똑똑히 각인되어 있었기 때문입니다. 아무리 사소한 변화라 해도 금방 눈에 띌 공산이 컸습니다.

바우만이 드리블(Dribbble)(http://bkaprt.com/de/7)에 스크린 샷의 일부(그림 4.4)를 슬쩍 흘리자 트위터의 디자인 개편 프로젝트에 대한 소문이 웹을 휩쓸었습니다. 드리블은 디자이너가 자신이 작업하는 프로젝트를 400×300화소 이미지로 살짝 보여주는 사이트입니다. 드리블이 스크린 샷 크기에 제한을 두었기 때문에 바우만은 그가 말한 대로 '가지고 있는 모든 것을 보여주지' 않고 디자인 일부만 공유할 수 있었습니다. 이는 또한 상상의 여지를 많이 남겨둔 셈이되었고, 공개된 프레임 밖에 숨어 있는 인터페이스에 대해 여러 추측이 난무했습니다.

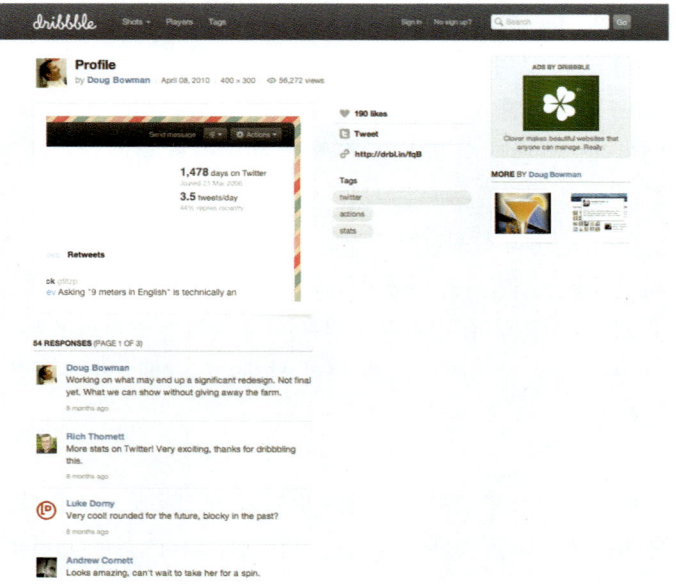

그림 4.4: 2010년 4월 덕 바우만이 드리블에 올린 트위터의 새로운 디자인의 부분 스크린 샷. 이 때문에 프로젝트에 대한 엄청난 추측이 난무했습니다.

이 스크린 샷은 즉시 웹에 퍼져 나갔습니다. IT 전문매체인 기가옴GigaOm과 매셔블Mashable에 실린 기사들은 수억 명의 사람들이 뉴트위터에 궁금증을 가지게끔 들쑤셔놓았습니다. 기대에 찬 5개월이 지나고, 뉴트위터는 선별된 일부 사용자에게 천천히 공개되었습니다. 그중에는 유명 인사도 있었고 무작위로 선정된 이들도 있었습니다. 오랜 시간이 흐른 후 드디어 기다림은 끝났습니다!

뉴트위터(그림 4.5)의 우선 접근권을 부여받은 사람들은 자신의 팔로워들에게 트위터 로또를 맞았다며 자랑했습니다. 자신의 트위터에 #NewTwitter 태그를 달고서 말이죠. 이렇게 새로운 디자인을 둘러싼 대화가 물꼬를 텄습니다. 이렇게 천천히 출시를 진행한 것

그림 4.5: 트위터 2010 디자인 개편의 결과물

은 기반 시설과 사용자 경험에서 의도하지 않은 결과를 줄이겠다는 의도 때문이었습니다. 하지만 제한된 접근은 기대심리를 만들어내어 강력한 감성적 영향을 주었습니다. 먼저 접근이 허용된 사용자는 특권의식과 격상된 지위를 느꼈습니다. 이 지위는 그들이 지위에 대해 발언할 때나 이를 열망하는 팔로워들의 @replies를 받을 때 더욱 격상되었습니다.

뉴트위터 사용자가 가진 기대심리와 특권의식, 격상된 지위는 새로운 디자인에 대한 인식을 형성했습니다. 비판의 목소리도 분명 있었지만, 뉴트위터가 이전의 것보다 더 좋다는 것이 지배적인 인식이었습니다(그림 4.6). 뉴트위터를 써본 사용자는 이미 좋은 느낌이

감성적 교감

그림 4.6: 뉴트위터 출시에 따른 긍정적인 감상을 보여주는 작은 예시

있었기 때문에 무수히 많은 디자인과 기능의 개선점을 더 쉽게 누릴 수 있게 되었다는 것이었죠. 얼리어댑터들의 이러한 긍정적인 메시지 덕분에 아직 새로운 디자인을 써보지도 않은 이들이 뉴트위터와 사랑에 빠지는 상황이 벌어졌습니다.

'해야만 합니다'가 아닌 '할 수도 있습니다'라고 말하기

트위터는 새로운 디자인을 출시하면서 동시에 흥미로운 어떤 일을 했습니다. 사람들이 새로운 인터페이스로 갈아타도록 강요하는 것이 아니라 원한다면 옛 디자인을 계속 사용할 수 있도록 선택권을 부여한 것입니다. 사용자에게 선택권을 부여하니 사용자의 분위기도 달라졌습니다. 사람들은 강요당한다고 생각하면 부정적으로 반응하는 경우가 많습니다. 그러나 자신의 일정에 맞추어 바꿀 수 있도록 자율권을 부여하면 그만큼 반감을 줄일 수 있습니다. 우리는 '해야만 합니다'보다는 '할 수도 있습니다'라는 말을 듣는 것을 선호합니다.

트위터의 경쟁자인 페이스북이 수정된 인터페이스를 공개했을 때 사용자의 반응은 트위터와는 대조적이었습니다. 페이스북은 사용자에게 자신의 일정에 맞추어 새로운 인터페이스로 갈아탈 것을 종용했기 때문입니다. 여러분이 바쁜 와중에도 친구의 근황을 보러 잠깐 페이스북에 들렀다고 생각해봅시다. 그런데 들어가보니 인터페이스가 휑하니 바뀌어 낯설게 느껴집니다. 여러분의 기분은 어떨까요? 당황스러우며 화도 나고 나아가 사이트에 배신감까지 느낄 것입니다. 트위터는 사용자에게 옛 인터페이스로 되돌릴 수 있는 링크를 제공함으로써 사용자가 통제권을 쥐고 있다고 느끼도록 했습니다. 이처럼 복잡한 상황에 대한 개방적 접근법은 사람들이 변화를 수용할 수 있는 준비시간을 제공합니다.

곧 보게 되겠지만, 사용자가 중요한 과제를 시작하기 전에 분위기를 조성하는 것은 사용자 경험을 크게 향상시킵니다.

점화작용

앞서 살펴본 모든 예시에서 본 것처럼 긍정적인 감성 경험은 사용자로 하여금 제품 혹은 서비스와 사랑에 빠지도록 교육하는 역할을 합니다. 방법은 다양하겠지만 결과는 같습니다. 모든 사용자를 확실히 사로잡는 것이죠. 여기서 공통으로 작용하는 심리 법칙이 있습니다. 바로 점화작용이라고 부르는 것입니다.

점화작용은 어떤 사람이 자극에 노출되었을 때 나타납니다. 그래서 또 다른 자극에 대한 반응을 형성하죠. 예를 들어 재치 넘치는 포토조조 사이트에서 본 것처럼 구매로 이어지는 길에 긍정적인 상호작용을 깔아서 전환율을 높이는 것입니다. 놀라움과 즐거움의 순간은 사용자 인식을 준비시켜 사이트가 더욱 친숙하게 느껴지도록, 그래서 신뢰할 수 있게 합니다.

뉴트위터는 드리블에 스크린 샷을 내보냄으로써 기대심리와 긴장감을 만들어냈습니다. 이것이 성공적인 출시의 점화작용이 되었죠. 접근이 제한되었기 때문에 먼저 초대받은 사람은 자신이 특별하다고 느꼈습니다. 이는 또한 새롭게 디자인된 인터페이스에 대한 긍정적인 인식이 심어지는 점화제가 되었습니다. 이것은 다시 떠들썩한 메시지를 양산했고, 아직 접속해보지 못한 사람들의 인식까지 점화시킬 수 있었습니다. 긍정적인 점화작용 이벤트가 연쇄적으로 일어나게 한, 매우 효과적이고 영리한 시도였습니다.

점화작용은 여러분의 기억 속 한 부분에 자극을 주어 활성화함으로써 이루어집니다. 점화작용이 끝나면 이어지는 두 번째 자극에 대해 여러분의 뇌가 유대감을 형성할 가능성이 커집니다. 제가 사용자 인식 점화작용의 이점을 발견한 것은 순전히 우연이었습니다. 절대 의도하지 않았던 실험에서 흥미로운 결과를 얻었죠.

메일침프: 우연한 점화작용

저는 메일침프의 사용자 경험 디자인팀의 수장으로 일하면서 우연히 점화작용의 힘을 발견했습니다. 2008년 우리는 대규모 디자인 개편 작업을 시행했는데, 애플리케이션 대부분을 고치는 것이었습니다. 우리는 재미있는 브랜드(어쨌거나 침팬지 마스코트가 있었으니까요)와 더불어 전례가 없던 디자인의 자유를 누렸고, 감성 디자인의 여러 전략을 시험해볼 기회를 가졌습니다.

우리는 눈에 띄긴 하지만 지나치게 야단스럽지는 않은 한 가지 요

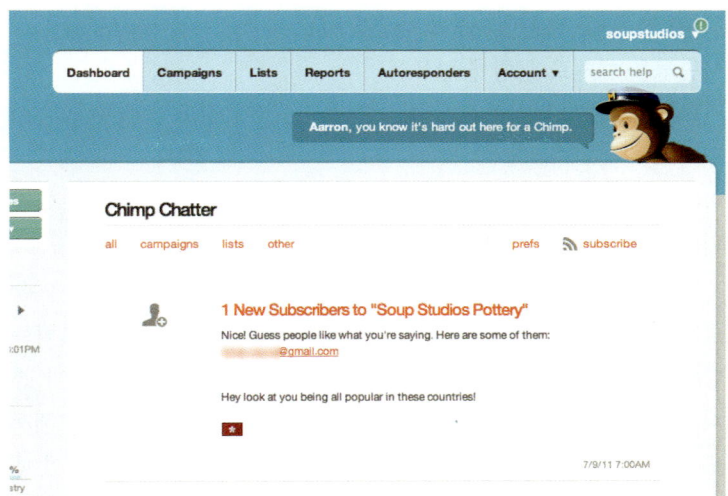

그림 4.7: 프레디 폰 침펜하이머 4세는 사용자에게 인사도 하고, 농담도 건넵니다. 이메일 전송 같은 따분한 일을 좀 더 재미있게 만드는 것입니다.

소를 가지고 가볍게 시작해보기로 했습니다. 바로 앱의 선택 페이지 상단에 있는 말하는 침팬지였습니다. 아는 사람은 알겠지만, 프레디 폰 침펜하이머 4세는 메일침프 페이지의 헤더에서 살짝 내다보고 있는 녀석입니다. 밑도 끝도 없이 무작위로 나타나 재치 있는 인사를 건네기도 하고, 때로는 유쾌한 유튜브 영상을 보여주기도 합니다(그림 4.7). 소프트웨어 디자인 역사상 말하는 마스코트는 골치 아픈 존재인 경우가 많아서 우리는 시작부터 프레디에 대해 엄격한 규칙을 세웠습니다.

1997년부터 2003년까지 마이크로소프트 오피스의 만화 길잡이로 일했던 클리피Mr. Clippy를 기억하나요? 말도 안 되는 타이밍에 나타나곤 해서 사용자의 원성이 자자했었죠. 워드로 편지를 쓰다 보면 클리피가 스크린에 쏙 나타나서 묻습니다.

"편지 쓰는 것 같은데, 좀 도와줄까요?"
사람들은 대체로 이렇게 반응합니다.
"당장 꺼져, 이 썩어빠지게 귀찮은 놈아." (이 정도면 아주 공손한 편이죠.)
바쁜 사용자의 작업 흐름을 방해하는 것은 언제나 좋지 않은 생각입니다.

클리피는 우리의 반면교사反面教師[3] 같은 존재였습니다. 클리피와는 다른 길을 가고 싶었던 우리는 프레디가 앱에 대한 피드백이나 통계자료를 제시하면 절대 안 된다고 생각했습니다. 오류를 지적해서도 안 됩니다. 프레디는 도움을 주기 위해 존재하는 것이 아니기 때문이죠. 그저 작업 흐름을 향상시키는 재미있는 장치입니다. 무엇보다 우리의 바쁜 사용자를 방해하면 절대로 안 됩니다.

프레디가 무작위로 인사를 건네는 방식을 이용해 메일침프는 사용자를 위한 놀랍지만 작은 경험을 구석구석에 숨겨놓고 기다리는 셈이었습니다.

우리는 우스꽝스러운 인사 때문에 맹비난을 받았습니다. 처음에는 우리끼리 재미있으려고 한 일이었습니다. 물론 우리는 우리 브랜드를 경쟁업체들과 구별되도록 하는 중요한 요소가 유머라는 사실을 잘 알고 있었습니다. 또한 우리는 사용자들이 앱을 이용하면서 우리의 개성을 보기를 원했습니다. 하지만 진실을 말하자면 그저 말하는 원숭이를 위한 대사를 쓰는 것이 재미있었고, 약간 자아도취에 빠져 있었던 것이죠.

[3] 사람이나 사물 따위의 부정적인 면에서 얻는 깨달음이나 가르침을 주는 대상을 이르는 말

그림 4.8: 메일침프 사용자가 프레디가 건넨 말에 대한 자기 생각을 트위터에서 재빠르게 공유하고 있습니다.

우리는 새로운 버전의 앱을 출시한 후 프레디가 사용자 경험에 특이한 영향에 미치는 것을 발견했습니다. 맨 처음에는 녀석이 건네는 인사가 근무 시간에 활기를 불어넣었다는 메시지(그림 4.8)를 보았습니다.

하지만 무엇보다 우리를 놀라게 하고 신나게 했던 것은 프레디가 무작위로 던지는 농담이 사용자가 길고 복잡한 작업을 끝내는 데 실제로 도움이 되었다는 언급이었습니다(그림 4.9).

사실 프레디는 사용자를 위한 치어리더였습니다. 다음 페이지에 있을 새로운 농담을 기대하며 계속 진행하도록 부추기는 거죠. 우리는 좋은 디자인이 사용자의 인터페이스 사용성 인식을 향상하는 것처럼(2장의 심미적-사용성 효과를 보세요) 정서적인 교감을 제공하는 인터페이스 또한 같은 효과가 있다는 것을 알았습니다. 각 페이지에 노출되는 다양한 인사말 덕분에 작업 흐름에 활기찬 가속

감성적 교감 **83**

그림 4.9: 프레디의 유머는 작업 완료율 상승에 놀라운 영향을 미쳤습니다.

도가 붙고, 이는 사람들이 장애물을 넘어 목표에 도달하는 데 도움이 되었습니다.

매일 똑같은 일상에 재미있고 가벼운 인사와 같은 보상이 주어지고, 게다가 다양한 수위의 즐거운 경험과 함께한다면 사람들은 다음 단계의 보상이 무엇일지에 대해 호기심을 갖게 됩니다. 다음에는 진짜 대단하지 않을까? 난 꼭 봐야겠어! 이렇게 사람들은 다음을 보고 싶어 할 것입니다.

이것은 다양한 보상이라고 불리는 심리작용 현상입니다. 슬롯머신 운영의 원동력이 바로 이것이죠. 사람들은 슬롯 게임을 정말 좋아합니다. 다음 레버를 당기면 커다란 한 방이 기다리고 있을지도 모르기 때문입니다. 그루폰(http://groupon.com)이나 스쿠트맙(http://www.scoutmob.com) 같은 인기 높은 소셜커머스 사이트 또한 다양한 보상 제도를 이용하고 있습니다. 매일 아침 이메일 구독자들은 어떤 대단한 할인상품이 기다리고 있을지 기대하며 메일함을 열어봅니다. 어떤 때는 정말 대단한 상품이 있지만 그렇지 않을 때도 있습니다. 규칙적인 일정에 따라 보상이 주어지는데, 다음에 어떤

그림 4.10: 사용자의 헤어스타일에 대해 프레디가 던지는 말이 언제나 들어맞는 것은 아닙니다. 하지만 혹시나 사용자의 상황과 들어맞으면 깊은 인상을 남깁니다.

보상이 주어질지 정해져 있지 않아 사람들은 신이 납니다. 다음에는 뭐가 나올까 기대하면서 말이죠.

프레디가 던지는 농담이 늘 바뀌는 것도 같은 효과가 있습니다. 다음 농담이 무엇일지 확실하지 않다는 점 때문에 다양한 보상 효과가 강력하게 발휘되었던 것이죠. 이 때문에 사용자들은 기꺼이 다음 작업 단계로 이동했습니다. 이는 우리도 예상하지 못했던 놀라운 결과였습니다.

인사말을 가지고 실험하던 우리는 사용자의 특징을 콕 짚어서 말하는 인사말을 몇 개 도입했습니다. 우리는 라스베이거스 카지노의 도박사와 같은 희망을 품었습니다. 조만간 해당 인사말이 딱 들어맞는 사람에게 주어지기를, 그래서 해당 인사말이 파급력을 가지기를 말입니다. 사용자의 헤어스타일을 언급하는 인사말이 딱 들어맞는 상황이 생기자 트위터에는 이 신비로운 현상에 얼떨떨해하는 메시지가 올라왔습니다 (그림 4.10).

우리로서는 이 인사말이 언제 가장 적절할지 알 길은 없지만, 인사를 받는 케이트의 입장은 다릅니다. 이 인사말이 그녀의 실제 삶과 정말이지 완벽하게 맞아떨어졌기 때문에 케이트에게는 화면 뒤에 실제 사람이 앉아서 말하는 것처럼 느껴졌던 것이죠. 이 상황에서 애플리케이션은 아무런 감정 없는 일련의 코드가 아닌, 인간적인 관계도 맺을 수 있는 살아 숨 쉬는 인격으로 탈바꿈했습니다. 케이트에게 이 대화는 실제 사람과 소통하는 것처럼 느껴졌을 것입니다.

뜻밖의 행운이 언제나 우리에게 유리한 방향으로 작용했던 것은 아닙니다. 인사말이 사용자의 실제 상황과 맞물렸을 때 매우 불편한 상황이 연출된 적도 있었습니다. 한번은 프레디가 쓴 모자가 너무 작아서 '엉덩이가 커 보인다'고 농담 섞인 인사를 건넸는데, 이 말을 자신의 외모에 대한 평가로 받아들인 사람들이 있었습니다. 이들은 즉시 지원팀에 항의 메시지를 보냈습니다. 엉덩이 크기에 대한 언급이 모두 자신을 향한 것이라고 생각하고 있었던 것이죠. 우리가 이런 상황을 미리 인지할 수는 없겠지만, 이 사건 덕분에 우리는 각각의 인사말이 가져올 수 있는 의도하지 않은 결과에 대해 좀 더 주의 깊게 생각하게 되었습니다.

7장에서 살펴보겠지만, 다양한 특성을 지닌 사용자들에게 똑같은 이야기를 하는 상황에 감성 디자인을 곧바로 적용하는 것은 어느 정도 위험이 따르는 일입니다. 사이트의 개성에 긍정적으로 반응하는 사람도 있겠지만 그렇지 않은 사람도 있을 테니까요. 하지만 우리는 부정적인 반응이 있을 수 있다는 위험에도 도전해볼 만한 가치가 있다는 것을 알았습니다. 우리가 인사말을 통해 구축하고자 하는 선의와 호감은 몇몇 부정적인 반응과는 비교할 수 없을 정도로 훨씬 중요한 것이니까요. 프레디가 건네는 인사말은 사실 사용자가 앱을 재미있고 유용하며 믿을 만한 것으로 받아들이도록 준비작업을 하는 것입니다. 이것이 바로 우리가 의도하는 효과입니다.

우리가 점화작용의 효과를 실감한 순간이 있는데, 바로 사용자들이 지원팀과의 대화에서 사용하는 어조가 변했다는 것을 목격할 때입니다. 사람들은 자신의 내면에 있는 프레디를 끄집어내어 농담을 던지기도 하고, 바나나를 이용한 말장난을 하기도 합니다. 이러한 점화작용의 효과는 '메일침프는 재미있다. 그러니 내가 메일침프와 얘기할 때는 나도 재미있는 사람이 되어야 한다'는 것입니다. 물론 우리 고객서비스팀도 자신의 좌절감을 지원팀에 전가해버리는 퉁한 고객보다는 기분 좋은 고객, 그리고 유머감각이 있는 고객과 일하는 것이 더 좋습니다.

인사말의 점화작용 효과가 고객에게만 유익한 것은 아닙니다. 그것은 우리에게도 득이 됩니다. 사람이 긍정적인 마음을 가지고 있으면 그들이 문제를 해결하도록 돕는 과정이 더욱 쉬워지고, 도움을 요청하는 횟수도 줄어듭니다. 프레디의 인사말은 고객뿐만 아니라 우리의 일상에도 활력소가 되고 있습니다.

정해진 공식은 없다

감성적 교감을 이끌어내는 디자인에는 우리가 사용할 수 있는 몇 가지 공통적인 전략이 있습니다. 놀라게 하기, 즐겁게 하기, 기대하게 하기, 격상된 지위를 부여하기, 특권 의식을 느끼게 하는 제한된 접근권 부여하기 등은 모두 사용자 여러분의 브랜드를 사랑할 수밖에 없게 만드는 효과적인 방법입니다. 하지만 여러분은 이 전략들을 사용자와 브랜드 경험에 적합하도록 조절해야 합니다. 감성 디자인에 정해진 공식은 없습니다. 심리 작용의 법칙과 인간의 본성을 따를 수밖에 없습니다. 이 장에서 살펴본 예시들을 모방하라는 말이 아닙니다. 여러분이 만든 인터페이스에서, 브랜드의 개성에 맞게, 사용자와 공감하는 방식으로 사고하라는 말입니다.

길을 잘못 들 때도 있을 것입니다. 괜찮습니다. 여러분은 얼마든지 방향을 수정할 수 있습니다. 처음엔 이 아이디어들을 이용한 간단한 상호작용 패턴으로 작게 시작하세요. 그리고 사용자가 어떻게 반응하는지 살펴보세요. 여러분의 예상이 적중한다면 큰 것을 얻을 것입니다.

이 장은 유머를 이용해서 사랑스러운 개성을 만들어내는 포토조조 등의 사이트에서 영감을 얻은 것입니다. 이 장을 떠나기에 앞서 정신이 번쩍 들 말을 한 마디 하려고 합니다. 가볍고 격의 없는 어조가 부적절하게 느껴지는 상황이 분명 있습니다. 은행이라면 어떻게 작업하겠습니까? 은행 사이트는 신뢰를 구축해야 하고, 의심이 들지 않도록 만들어야 합니다. 그리고 여러분의 사이트에 적절한 유머가 사용되었음에도 불구하고 사용자가 아무 관심도 보이지 않는다면 어떻게 하겠습니까?

이런 상황은 정말이지 난해합니다. 하지만 감성 디자인이 가진 힘은 여전히 유효합니다. 다음 장에서 자세히 살펴보겠습니다.

5 본능과의 한판 대결

지난 장에서 여러분은 감성 디자인에서 따뜻하고 포근한 느낌을 받았을지도 모르겠습니다. 온통 농담과 원숭이 얘기뿐이었으니까요. 하지만 유머를 자유롭게 사용하는 것이 모든 브랜드의 개성을 나타내는 방법은 아닙니다. 사용자의 자신감을 고취시키거나 신뢰를 구축하는 등 다른 감성으로 호소해야 하는 경우도 있습니다.

2장에서 살펴본 것처럼 우리의 뇌는 복잡한 상황을 단순한 개념들로 분해합니다. 필요한 결정에 드는 비용과 그로 인해 얻는 이익을 평가하기 위해서죠. 우리는 태생적으로 새로운 브랜드나 새로운 상품, 새로운 상황, 심지어 새로운 사람까지 신용하지 않도록 프로그래밍되어 있습니다. 우리 자신을 위험으로부터 보호하기 위해서죠.

여러분이 중고차 판매장에 있다고 생각해봅시다. 판매원이 미리 계산된 홍보성 짙은 말을 건네며 다가오는 순간 여러분의 직감이 발동합니다. 우리는 우리의 눈과 귀를 속이려 드는 부류를 한눈에 알아볼 수 있습니다. 괜찮아 보이는 물건인데 말도 안 되는 가격에 팔려고 하니 말이죠. 우리에게는 허튼 수작을 금세 눈치챌 수 있는 본능적인 감각이 있습니다.

여러분이 봉착한 문제가 바로 이것입니다. 바로 여러분의 웹사이트를 방문한 사람들을 설득해서 클릭하거나 가입하거나 브랜드를 신뢰하도록 만들기 위해 애쓰는 상황을 말합니다. 그야말로 여러분과 고객의 본능이 벌이는 한판 대결입니다. 고객은 의심도 많고 뭔가를 하려고 하지도 않으며, 게다가 무관심하기까지 합니다. 고객의 환심을 얻으려면 영업 전략을 드러내지 않는 선에서 최대한 그들을 납득시켜야 합니다. 이러한 난관을 헤쳐나가는 방법을 논의하기 전에 의사결정과정에 대해 낱낱이 파헤쳐보겠습니다.

마음 가는 대로 할 것

지구상에서 걸어 다니는 생명체 중 가장 진화한 종인 우리 인간은 감정의 때가 묻지 않은 철저한 논리로 인생을 살아가고 있다고 믿고 싶어 합니다. 숭고한 발상이긴 한데, 진실과는 거리가 먼 이야기입니다. 현실에서는 우리가 어떤 결정을 내릴 때 복합적인 추론 과정을 거칠 시간이 없기 때문입니다. 그래서 우리는 직감적인 반응에 의존하게 됩니다. 오늘 내린 결정들을 돌이켜보세요. 결정권자는 여러분의 본능이었다는 사실을 알게 될 것입니다.

> 어떤 셔츠를 입을까? 흠. 파란 셔츠가 괜찮아 보이는군. 아침으로는 뭘 먹지? 달걀과 베이컨이 당기는군. 이런, 차가 무척 막히는데…… 일단 이번 교차로에서 빠져서 방법을 찾아봐야겠어.

매일 우리가 내리는 수많은 결정은 직감에 의한 것입니다. 여러분이 지금 입고 있는 옷도 '그저 입고 싶어서' 고른 것입니다. 다른 선택을 할 수도 있었습니다. 그 선택 또한 적절했겠죠. 하지만 여러분이 논리를 사용해서 모든 것을 심사숙고했다면 아직도 집 안에 있었을 것입니다. 문제는 매번 고를 수 있는 논리적인 선택지가 여러 가지라는 것입니다. 우리는 결국 논리 때문에 교착 상태에 빠지고, 어느 길이 맞는지 확신하지 못해 길을 잃습니다. 많은 선택지가 동등한 효력을 지닐 때 감성은 결정 권한을 갖습니다. 최고의 선택이 무엇인지 명확하지 않을 때 여러분은 본능적으로 그럭저럭 괜찮은 것을 고릅니다. 본능적인 결정이 없다면 아무것도 할 수 없을 것입니다. 뭔가를 한다는 것만으로도 아주 운이 좋은 편이라고 할 수 있죠.

감성이 우리의 의사결정을 도와주지 않는다면 어떻게 될까요? 서던캘리포니아대학교University of Southern California에서 신경과학을 가르치는 안토니오 다마지오Antonio Damasio 교수는 뇌의 감정을 관장하는 부위가 손상된 사람들을 연구했습니다. 그들은 아주 쉬운 결정도 힘들어했습니다. 진료 예약 일정을 잡는 것 하나를 두고도 환자의 내면에서는 다양한 선택이 가진 각각의 장점에 대한 길고 지루한 논쟁이 벌어졌습니다. 그들에게는 점심 먹을 식당을 고르는 것도 불가능한 것으로 나타났습니다. 장단점을 따져보는 과정이 끝없이 반복되는 것이죠. 여러 선택지가 가진 이점이 서로 비슷하거나 동등한데 사고과정을 최종 결정으로 밀어붙이는 결정타가 없는 상황입니다. 막상막하의 상황에서 직감적인 반응을 만들어내는 결정 권한이 없기 때문에 그들은 결정을 내리지 못하는 것입니다.

우리 디자이너들은 사용자가 직관적인 본능을 따를 수 있도록 도와야 하는 특수한 위치에 있습니다. 우리는 레이아웃이나 색채, 선, 서체, 대비와 같은 일반적인 디자인 도구를 이용해서 사람들이 정

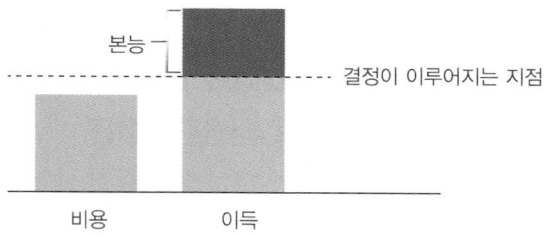

그림 5.1: 냉소적인 사람이 행동을 취할 수 있도록 이해시키기 위해서 기막힌 이유를 제시할 필요는 없습니다. 여러분이 할 일은 그저 비용보다 더 많은 이점을 제시해서 여러분의 디자인에 대해 사람들이 본능적으로 호의적인 반응을 보일 수 있도록 하는 것입니다.

보를 더욱 쉽게 받아들여 이성보다는 본능에 충실한 결정을 내리도록 도울 수 있습니다. 그저 그러고 싶었기 때문에 지금 입고 있는 셔츠를 골랐던 것처럼, 본능이 시키는 대로 서비스에 가입하고 과제를 수행할 수 있도록 도와야 한다는 말입니다. 기억하세요. 우리가 모든 행동에 대해 완벽한 이유를 만들어주어야 하는 것은 아닙니다. 우리의 고객이 결정을 내리는 데 있어 이성이 큰 역할을 하는 경우는 많지 않기 때문입니다. 우리가 해야 할 일은 그저 고객의 감성에 호소하는 것입니다. 자신이 내리는 결정으로 얻는 이득이 비용을 초과하는 것으로 보이도록 말이죠(그림 5.1).

가입 신청서를 디자인해본 적이 있다면 누군가를 설득하여 어떤 행동을 취하도록 하는 것이 얼마나 어려운 일인지 잘 알 것입니다. 버튼 디자인, 언어 표현, 레이아웃에 미세한 변화만 주어도 전환율이 치솟거나 주저앉을 수 있습니다. 하지만 전환율이 높아진 비밀이 세부적인 내용이 아니라 전체적인 그림에 있을 때도 있습니다. 서체와 색채, 레이아웃이 어우러지는 방식이 브랜드의 많은 것을 드러내고, 신규 사용자의 인식을 형성합니다.

민트Mint: 돈은 웃어넘길 일이 아니다

높은 인기를 누리는 재무 관리 웹 애플리케이션인 민트(http://mint.com)는 출시 당시 큰 어려움에 처했습니다. 재무 정보를 종합하는 이 서비스를 사용하기 위해서는 사용자가 자신의 모든 은행 계좌에 민트의 접근을 허락해야 했는데, 이 때문에 많은 원성을 샀던 것이죠. 자신들의 은행 정보에 접근을 허락할 정도로 민트에 대한 신뢰가 구축되지 않았기 때문입니다. 민트가 성공하기 위해서는 사용자와 신뢰를 쌓아야만 했습니다.

이론상으로 볼 때 투자자는 민트의 아이디어를 맘에 들어 하는 것 같습니다. 사람들이 자신의 소비 패턴을 알 수 있도록 도와주는 데다 무료이기까지 하니 대중이 매력을 느낄 수밖에 없는 것이죠. 사용자가 돈을 아낄 수 있도록 도와주는 금융상품을 추천해주는 것만으로도 부자가 될 수 있다고 느껴집니다. 하지만 실제 벤처 투자자는 민트의 서비스에 큰 의구심을 표시했는데, 무료 서비스를 믿고 중요한 개인 정보를 공유한다는 말은 지금껏 들어보지 못했기 때문이었습니다('무료'라는 말을 듣는 순간 우리 내부에서는 의심이 고개를 듭니다).

민트의 디자이너인 제이슨 퍼토티Jason Putorti는 디자인이 그들의 성공에서 핵심 요소가 될 것임을 알고 있었습니다.

> 신뢰는 우리가 잠재적인 사용자와의 관계에서 뛰어넘어야 할 가장 중요한 장벽입니다. 투자자들은 사람들이 자신의 은행 신용도를 공유하리라고는 절대 생각하지 않았습니다. 그래서 이것은 아주 힘든 싸움이었습니다. 그만큼 벤처 자금을 얻어내기 힘겨웠죠. 신뢰는 합리적인 사고 과정이라기보다는 본능적인 느낌입니다. 시

> 각적 디자인은 감성에 아주 강력한 방법으로 영향을 미칩니다. 아마 다른 어떤 자극보다 그럴 것입니다.

퍼토티는 민트가 퀴큰^{Quicken 1}과 터보택스^{TurboTax 2} 같은 주요 경쟁업체뿐만 아니라 다른 앱 중에서도 단연 돋보이도록 디자인했습니다. 민트가 설립된 2006년 당시에는 37시그널즈의 앱에서 영감을 받은 기능 중심적인 디자인인 미니멀리스트^{최소주의 minimalist}가 업계표준이었습니다. 디자인 에이전시 출신인 퍼토티는 프로젝트에 전혀 다른 심미성을 도입했습니다. 그러자 웹 앱 디자이너들은 그라디언트 효과를 만들어내기 위해, 혹은 사용이 제한된 서체를 렌더링하기 위한 작업으로서 이미지를 남용하는 것에 대해 조심스러워했습니다. 웹 앱의 주요 관심사는 속도입니다. 텍스처, 일러스트레이션, 타이포 그래픽 개발 같은 것은 웹 앱에서 일반적이지 않은 요소입니다. 하지만 퍼토티는 민트를 디자인하면서 이러한 선입관을 버렸습니다.

여러분은 민트의 인터페이스에서 빛을 느낄 수 있을 것입니다. 이것은 글로 효과와 광범위한 그라디언트 그리고 섀도 효과를 통해 만들어진 빛입니다. 또한 데이터가 풍부한데도 아버지께서 쓰시는 엑셀 스프레드시트와는 다릅니다. 밝은 빛과 함께 페이지 밖으로 튀어나온 도표는 사람들의 시선을 모읍니다. 기억하세요. 민트가 출시되었던 2006년 당시 웹 앱 디자인의 모범은 지메일과 베이스캠프였습니다. 민트는 많은 웹 앱 사용자의 눈에 익숙한 무난한 디자인과는 극명한 대비를 이루었습니다(그림 5.2).

신중한 배려가 돋보이는 인터페이스 디자인과 흠잡을 데 없는 진행은 의심이 많은 사람도 가입하도록 유도했습니다. 민트는 소비

---

[1] 개인용 재무 소프트웨어 개발업체
[2] 미국 세금관리 프로그램

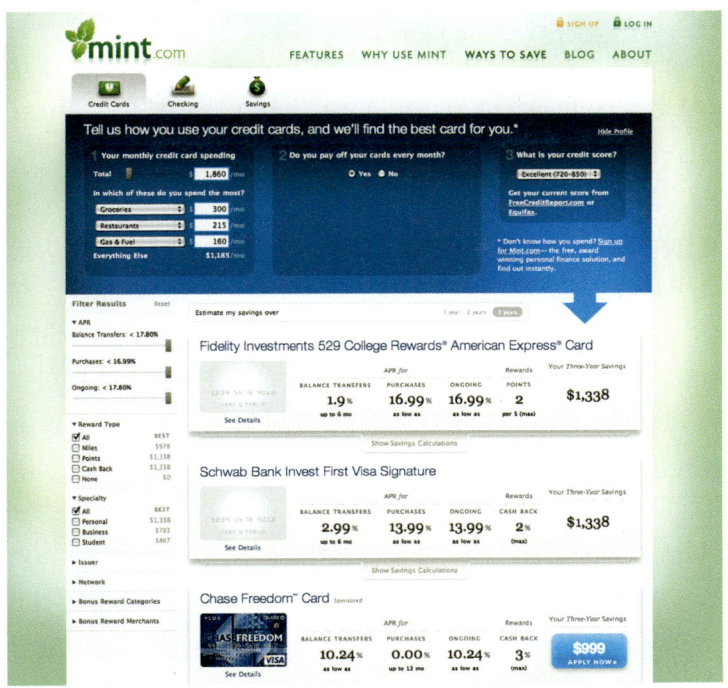

그림 5.2: 풍부한 빛과 그림자, 세련된 색상 팔레트를 사용한 민트의 인터페이스는 경쟁업체들 사이에서 단연 눈에 띕니다. 이로 인해 의심 많은 고객에게도 신뢰를 얻고 있습니다.

습관을 관찰하는 데 있어 매력적인 방식을 제시하는 한편, 돈을 아낄 수 있는 방법도 알려주었습니다. 이것은 확실히 주목하지 않을 수 없는 이점이었죠. 대부분의 금융 소프트웨어가 그렇듯 조악하게 디자인된 인터페이스 속에 데이터가 나열되어 있으면, 한 사람의 재무 상태가 한눈에 들어오지도 않을 것입니다. 사이트의 가치 또한 떨어질 테고요. 강력한 가치 제안^{value proposition} 3이 없다면 민트

---

[3] 고객이 필요로 하는 가치를 창조하기 위한 상품이나 서비스의 조합

가 가진 이점보다는 보안 문제가 더 크게 고려될 것이고, 이렇게 되면 의심의 눈초리를 보내던 사람들이 서비스에 가입할 가능성 또한 줄어듭니다. 민트의 성공에 있어 핵심적인 역할을 한 것은 바로 디자인입니다.

세심한 관리나 배려가 보이는 민트의 디자인은 사용자에게 보안과 프라이버시를 관리하는 것에도 동일한 관심을 쏟고 있다는 인상을 줍니다. 그렇습니다. 민트는 사용자의 개인 정보가 안전하게 관리되고 있다는 점을 분명히 밝힙니다. 하지만 똑같은 홍보 문구를 계속 반복하는 것보다 디자인으로 한번 보여주는 것이 훨씬 효과적입니다.

여러분도 너덜너덜한 청바지에 그레이트풀 데드Grateful dead 4가 그려진 찢어진 티셔츠를 입은 보디가드보다는 말끔하게 다림질한 최고급 정장을 입은 보디가드에게 더 믿음이 갈 것입니다. 그렇지 않나요? 외모는 사람들의 인식에 큰 영향을 미칠 수 있습니다. 우리가 웹사이트를 평가할 때는 그 인지 모형mental model 5에 기반합니다. 민트의 날렵한 디자인은 충분한 신뢰가 구축되도록 해서 사람들이 비용을 두려워하기보다 이점에 가치를 두도록 합니다.

퍼토티는 민트에 가입하도록 하는 강력한 이유가 바로 디자인이라는 신념을 가지고 있었습니다. 보안 또한 중요하긴 하지만 그건 두 번째 도전 과제였습니다.

> 핵심은 시각적인 심미성이었습니다. 재정 관리 앱은 좀 다른 어려움을 가지고 있습

---

[4] 미국의 사이키델릭 록 밴드. 그들의 앨범에 자주 등장한 아이콘은 해골과 장미였다.
[5] 사용자는 누구나 각각의 상황에 대하여 자기 스스로 의미 있는 세계를 만들어내어 그것에 따라 살아간다. 이러한 세계를 인지 모형이라 한다.

니다. 정보 자체가 유용한 방식으로 제시되어야 하고, 또한 이것이 사용자에게 기쁨을 주고 들뜨게 해야 하기 때문입니다. 보안 때문에 서비스에 가입하는 것이 아닙니다. 자신의 자산에 대한 정보를 편리하게 제공하기 때문에 가입하는 것이죠. 여러분이 개인 정보를 약간 내주는 사용자에게 그것을 압도적으로 능가하는 가치를 제공한다면 대부분의 사람은 기꺼이 자신의 개인 정보를 내줄 것입니다.

사용자는 민트의 보안이 충분해 보인다는 것을 본능적으로 알았습니다. 매력적인 도표와 그래프 또한 충분히 가치 있는 것이었기에 그들은 위험을 무릅쓰고 민트에 가입하고 싶어 했습니다. 민트에 대해 투자자가 가졌던 의구심은 탄탄한 논리에 근거한 것이었지만, 민트는 이성에 저항하며 사용자의 감성에 호소했습니다. 2009년 11월 민트는 최대 경쟁자였던 퀴큰Quicken에 인수되었습니다. 자신의 모든 디자인과 감성이 이성과 논리만큼 가치 있다는 것, 혹은 그보다 더 가치 있다는 것을 증명해 보인 쾌거였죠.

의심이 많은 사용자의 지지를 얻기 위해서라면 강력한 가치 제안을 수반하는 사려 깊은 디자인을 이용할 수 있습니다. 하지만 게으른 사용자에게 다가가기 위해서는 이와 다른 방식의 사고가 필요합니다.

저항을 최소화하는 길

의심은 그저 우리가 고객의 행동을 유도하기 위한 시도를 할 때 직면하는 걸림돌이 아닙니다. 게으름 또한 의심만큼 커다란 장애물입니다. 사실 사람들은 우리가 생각하는 것보다 훨씬 더 게으릅니다. 그들은 그저 자신이 추구하는 목적지로 가는 데 있어 저항이 가장 적은 길을 찾고 싶어 합니다. 그들이 어디로 가야 할지 주저하고 있다면 때로는 약간의 혜택을 제공하여 그들을 움직이게 할 수도 있습니다.

드롭박스Dropbox : 뇌물만 주면 만사형통

드롭박스(http://dropbox.com)는 컴퓨터와 모바일 기기, 클라우드 사이에 동기화된 파일 기억장치를 제공하는 서비스입니다. 250메가바이트의 저장 공간이 포함된 무료 계정으로 가입을 유도하는 데는 별 어려움이 없었습니다. 그들의 가치 제안은 새로운 고객들이 비용을 능가하는 드롭박스의 이점에 대해 쉽게 알 수 있도록 했습니다. 무료 저장소라니, 좋다하지 않을 이유가 없었죠. 초기의 드롭박스에 대한 본능적인 반응은 긍정적이었습니다.

하지만 작은 문제점이 숨어 있었습니다. 드롭박스를 실행하려면 최소한 한 대의 컴퓨터에 소프트웨어를 설치해야만 했습니다. 기기 간의 동기화를 원한다면 더 많은 컴퓨터에 설치해야 했죠. 여기에 스마트폰으로 파일에 접근하기 위해서는 모바일 앱도 설치해야 합니다. 실행 과제의 순서가 맞지 않는 것이죠. 개별적인 작업 흐름은 비교적 간단하지만 설치 과정을 끝내려면 각 기기 사이를 우왕좌왕 뛰어다녀야 하는 것입니다. 이런 혼란 속에서 드롭박스의 사용자가 떠날 가능성은 높습니다. 신규 고객이 실행 초반에 쏟아야 하는 시간이 늘수록 비용이 드롭박스의 이점을 능가하는 것처럼 보이기 시작하니까요.

또한 드롭박스는 전형적인 소프트웨어, 그러니까 단일 서비스가 아닙니다. 웹 앱이지만 데스크톱 앱이기도 하고, 모바일 앱이기도 합니다. 이것은 많은 사람에게 생소한 영역입니다. 서비스 사용법을 배우는 것뿐만 아니라 이 서비스가 삶을 얼마나 더 편리하게 만들

---

[6] 학습의 결과로 일어나는 행동의 변화 현상을 도식화한 것. 학습 곡선을 자세히 살펴보면 초기에는 비교적 변화가 심하지만 일정 기간 후에는 일종의 휴지상태가 나타나며, 이후 일정한 시간이 지나면 별도의 연습이나 시행 없이도 다시 높은 수준의 수행을 보이는 일종의 회복기가 나타난다.

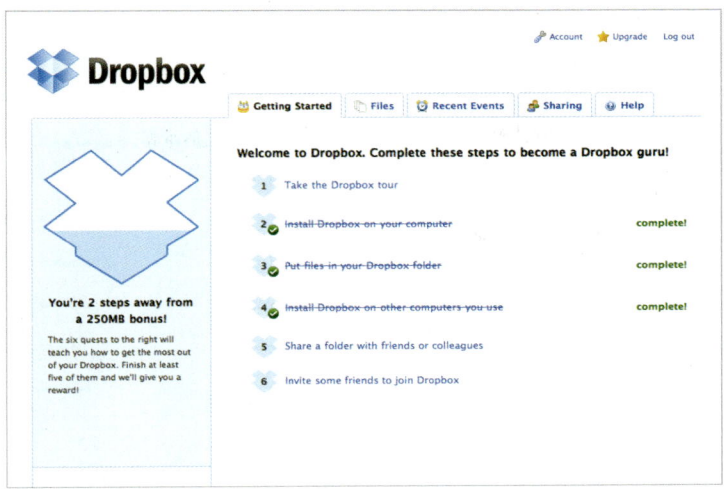

그림 5.3: 드롭박스는 신규 사용자가 시스템에 익숙해지도록 돕는 게임을 고안했습니다. 이 가입 절차 게임을 완수한 사용자에게는 무료 저장 공간이 덤으로 주어집니다.

수 있을지에 대해서도 배워야 합니다. 이 과정에서 학습 곡선$^{learning\ curve}$ [6]이 나타납니다. 사람들이 문을 열고 안으로 들어오도록 하는 것은 쉬운 일입니다. 사용자를 계속해서 유치하고 학습이 지속되도록 하는 것이 어려운 일이죠.

드롭박스는 고객들이 가입 절차를 즉각적으로 학습하도록 하기 위해 전혀 새로운 방법을 사용합니다. 그들은 가입 절차를 완료한 사람을 위해 상당한 보상이 주어지는 게임을 고안했습니다. 새로운 고객이 드롭박스에 로그인하면 여섯 가지 간단한 과제가 주어집니다(그림 5.3).

더 많은 저장 공간을 얻고 싶은 사용자는 안내 동영상을 보고, 드롭박스를 컴퓨터에 설치합니다. 드롭박스 폴더에 파일을 넣고, 다른

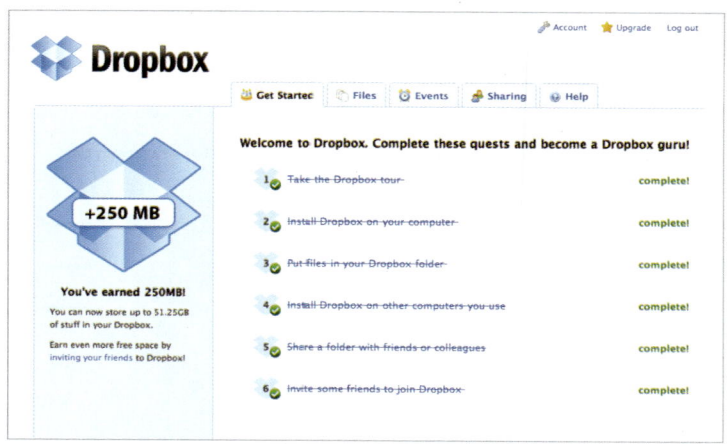

그림 5.4: 드롭박스는 새로운 사용자들이 주어진 과제를 완료할 때마다 무료 저장 공간을 제공합니다.

기기에 소프트웨어를 설치하여 친구들과 폴더를 공유한 다음 다른 이들에게 서비스에 대한 이야기를 퍼뜨려야 합니다. 이 모든 과제를 완료하면 250메가바이트 저장 공간이라는 상이 주어지는데, 단계마다 이 상에 도달하기까지 얼마나 남았는지를 보여줍니다. 이는 사용자에게 게임처럼 느껴지게 하는 데 반해, 드롭박스 입장에서는 사람들에게 시스템과 그것의 가치를 디지털 라이프에서 어떻게 사용하는지 학습하게 해서 휴면 계정을 줄이는 방책이었습니다. 파일을 드롭박스에 넣는 순간 여러분은 친구들과 파일을 공유하게 되며, 서비스를 취소하지 않고 계속해서 사용하는 마법에 빠지게 됩니다.

이를 일컬어 뇌물이라고 할 수도 있고, 게임 이론이라 할 수도 있겠습니다. 어느 쪽이든 결과는 마찬가지입니다. 사용자는 주어진 과제를 완료했을 때 성취감을 느끼며(그림 5.4), 무료 공간을 덤으로 받으면 신이 나서 드롭박스에 더 많은 파일을 던져 넣습니다. 사용자가 트위터나 페이스북에다 서비스에 관한 게시물을 올리고 다른 이들이 가입하도록 독려하면 더 많은 무료 저장 공간을 받을 수 있습니다. 마지막 장에서 살펴보겠지만 게임 이론, 뇌물, 성취감이 작용하는 방식은 간단한 회사 소개와 제품을 소개하는 수준의 단순한 웹사이트인 브로슈어웨어 웹사이트brochureware website에도 해당됩니다.

의심 많은 사용자들을 대처하기란 어려운 일입니다. 하지만 최소한 그들이 여러분의 메시지에 귀 기울이게 할 수는 있습니다. 솔직히 말해 고객이 여러분에게 관심이 없다면 여러분은 어떻게 하겠습니까?

무관심

의심과 게으름 또한 맞서 싸우기 힘든 장애물이지만 무관심은 이보다 더 어려운 상대입니다. 여러분의 사기를 꺾어버려서 수많은 시간을 들여 디자인하고 개발한 웹사이트나 앱을 아예 출시하지 못하게 하기도 합니다. 결국 여러분의 힘겨웠던 작업이 무관심의 바다에서 표류하게 되는 거죠.

사용자는 웹사이트의 콘텐츠가 자신의 관심 밖의 것이거나 조악하게 제시되었을 때 냉담하게 반응합니다. 콘텐츠 전략은 여러분이 고객을 위한 올바른 콘텐츠를 생산할 수 있도록 도와줄 것입니다. 지금으로서는 우리의 능력 밖에 있지만 콘텐츠 창작과정이 여러분을 힘들게 하는 장애물이라면 에린 키산Erin Kissane의 《웹사이트를 위한 콘텐츠 전략The Elements of Content Strategy》[7]을 읽어보기 바랍니다.

---

[7] 에린 키산, 《웹사이트를 위한 콘텐츠 전략》, 강유선, 웹액츄얼리팀(역). 웹액츄얼리코리아, 2012.

이 책에서 다룬 사례들을 살펴보면 그 핵심에는 언제나 훌륭한 콘텐츠가 있습니다. 똑똑한 콘텐츠 전달법은 새롭고 설득력 있는 콘텐츠 접근법을 제시하거나 고객의 관심을 유지함으로써 콘텐츠를 보완합니다. 감성적으로 설득하는 방법으로 전달되는 훌륭한 콘텐츠는 무관심을 타파하는 마법의 돌 크립토나이트[kryptonite 8]와 같습니다.

앞 장에서 살펴본 사례로 돌아가봅시다. 1장에서 본 베타브랜드를 기억하나요? 경쟁이 치열한 시장인 남성 의류를 판매하는 전자상거래 사이트입니다. 베타브랜드는 잘 만들어진 콘텐츠로 고객이 흥미를 유지합니다. 그들은 제품 라인마다 30분 정도 읽을 수 있는 배꼽 빠지게 웃긴 콘텐츠를 준비해두고 있습니다. 콘텐츠로 기분이 좋아진 고객들은 구매하게 되고, 베타브랜드의 긍정적인 이미지가 기억에 남아 사이트를 다시 찾게 됩니다. 베타브랜드의 고객은 결코 무관심해질 수 없습니다.

3장의 하우징 웍스의 예를 살펴보아도 감성 디자인 전략의 핵심에 콘텐츠가 있다는 것을 알 수 있습니다. 사이트를 방문한 사람들이 하우징 웍스 단체와 정서적 유대감을 가지게 된 데에는 1인칭 시점의 스토리와 이야기의 주인공 사진이 큰 도움이 됩니다. 사람들이 살아가는 이야기는 방문객을 웹사이트로 끌어들이며 하우징 웍스의 대의명분에 참여하도록 유도합니다.

여러분의 사이트에 방문한 사람들이 보이는 반응이 열광적이지 않다 해도 실망하지 마세요. 다음 장을 읽어보면 모든 것을 바른 길로 되돌려놓는 데 도움이 될 것입니다.

---

[8] 슈퍼맨 이야기에 나오는 가상의 화학 원소

비록 처음에는 성공하지 못했더라도

만약 이 책의 아이디어와 조언들을 시행한 후에도 고객이 여러분의 사이트에 여전히 무관심하다면 스스로에게 물어보세요.

- 브랜드를 위해 내가 만들어낸 개성은 진짜인가? 또한 고객의 관심사와 일치하는가?
- 브랜드가 가진 개성이 경쟁업체의 그것과 너무 유사하지 않은가?
- 콘텐츠는 잘 쓰였는가? 고객의 필요와 관심사와 관련성이 있는가?
- 내가 사용하는 감성 디자인 방법이 사용자의 욕구단계에서 가장 아래에 있는 층을 방해하고 있지는 않은가? (말하자면 사이트가 덜 기능적이거나 신뢰가 덜 가거나 사용성이 좋지 않은 것은 아닌가?)

이 질문들에 솔직하게 답하는 것이 어려울 수 있습니다. 그렇다면 여러분은 간단한 사용자 조사를 시행하거나 여러분이 가정한 것을 평가하기 위해 사용성 검사를 할 수도 있습니다. 여러분은 대상 고객이 되는 사람들을 직접 만날 수 있습니까? 세 명이나 여섯 명 정도의 사람들을 모아 직접 대면하거나 스카이프^{Skype}(http://skype.com)나 고투미팅^{GoToMeeting}(http://gotomeeting.com)을 통해 만나보세요. 여러분이 찾고자 하는 통찰력을 얻을 수 있을 만큼 개방적인 (열린) 질문을 해보세요. 다음과 같은 것을 질문할 수 있습니다.

- 웹사이트를 처음 봤을 때 귀하의 반응은 어땠습니까?
- 웹사이트를 보고 어떻게 느꼈습니까?
- 이 웹사이트가 사람이라면 어떤 사람일까요? 그 이유는 무엇입니까?
- 이 사이트를 친구에게 추천하겠습니까? 그 이유는 무엇입니까?
- 이 사이트가 다른 사이트보다 더 중요하다고 여겨지는 어떤 부분이나 특징이 있나요? 또는 덜 중요하게 여겨지는 어떤 부분이나 특징이 있나요? 그 이유는 무엇입니까?

사용자가 특정한 방식으로 대답하도록 유도하는 질문을 던지지 마세요. 예를 들어 "이 웹사이트가 유쾌한 인격을 가지고 있다고 생각하나요?"와 같은 질문은 긍정적인 답을 유도합니다. 질문에 쓰인 단어가 사용자의 인식에 점화작용을 하기 때문입니다. 앞 장에서 본 점화작용의 방법을 기억하나요? 여기서는 이를 피해야 합니다. 그래야 여러분의 웹사이트에 대한 솔직하고 정확한 통찰력을 수집할 수 있습니다.

간단한 사용성 테스트를 해보세요. 사용자 세 명만 있으면 충분합니다. 스티브 크룩Steve Krug이 자신의 베스트셀러 《상식이 통하는 웹사이트가 성공한다Don't Make Me Think》[9]에서 밝힌 방법을 참고합니다. 그 결과를 보면 여러분의 감성 디자인 전략이 사이트의 사용성, 신뢰도, 기능성을 저해하는지 아닌지를 더 잘 알 수 있을 것입니다. 크룩은 사이트의 사용자를 모아놓고 맛있는 간식거리를 준비한 다음, 여러분이 속한 조직의 책임자를 초대하라고 합니다. 이는 사용자를 대상으로 여러분이 평가하고자 하는 작업 전반에 걸친 간단한 사용성 테스트를 위한 것입니다. 실버백Silverback [10](http://silverbackapp.com)과 같은 소프트웨어를 사용해서 전 과정을 녹화합니다. 그리고 녹화된 화면을 돌려 보면서 인터페이스의 핵심 사항을 본 사용자의 표정 변화를 평가하세요. 놀라게 하는 지점이나 기쁘게 하는 지점에서 그들이 웃나요? 아니면 그냥 무시하고 다음 단계로 넘어가나요?

이 테스트는 단순하고 실용적이어야 합니다. 여러분이 실제로 시행할 수 있도록, 그래서 여러분의 웹사이트를 향상시키는 데 도움이

---

[9] 스티브 크룩, 《상식이 통하는 웹사이트가 성공한다(2판)》, 김지선, 대웅, 2006.
[10] 실버백: 디자이너 또는 개발자가 사용성 테스트를 적은 비용 또는 무료로 할 수 있도록 도와주는 소프트웨어

될 통찰력을 얻을 수 있도록 말입니다. 여러분의 고객 중에서 선정하는 것보다는 덜 과학적이지만 근처 커피숍에 가서 손님들에게 커피와 머핀이라도 대접하면서 10분 정도 시간을 요청할 수도 있습니다. 결국 무엇이라도 테스트를 해보는 것이 아무것도 하지 않는 것보다는 나으니까요.

사람들이 여러분의 사이트에 무관심한 것은 애가 타는 일입니다. 하지만 고객과 직접 대화해보면 대부분 그 무관심을 이해할 수 있습니다. 여러분의 진짜 고객들과 이야기하는 시간을 내는 것은 어려운 일일 수 있습니다. 하지만 여러분이 방침을 수정하고 앞으로 나아갈 수 있는 최고의 방법은 이 무관심의 벽을 두드리는 것입니다.

내 탓이로소이다 $^{mea\ culpa}$

감성 디자인은 긍정적인 경험을 만들어내는 길일 뿐만 아니라 장애물을 극복하는 길입니다. 이는 또한 서버 장애나 데이터 손실, 사용자의 작업흐름에 영향을 미치는 버그와 같은 어려운 상황에 대처하는 데도 도움이 됩니다. 실수는 벌어질 수 있습니다. 어떤 일이라도 잘못될 수 있습니다. 하지만 여러분이 고객과의 지속적인 정서적 유대를 통해 신뢰의 기억을 쌓아간다면, 또 잘 다듬어진 응대^{response}를 보여준다면 이들이 어려움에 직면한 여러분을 구해줄 것입니다. 자세한 것은 다음 장에서 살펴보겠습니다.

6 용서

머지않아 여러분의 웹사이트에 문제가 생길 것입니다. 서버가 다운되고, 사람들은 실수를 저지르며 예측하지 못한 다양한 사건이 발생하겠죠. 이런 상황에서 고객이 여러분의 편에 선다면, 그러니까 일시적인 불편함을 눈감아주고 브랜드에 대한 신뢰를 유지하는 호의를 보여준다면 문제를 해결하는 데 큰 도움이 될 것입니다.

앞서 살펴본 것처럼 고객은 여러분이 어떤 과제를 완수할 것을 요구할 때마다 들어가는 비용 대비 이익을 분석합니다. 이 내적 평가의 결과가 사용자의 행동 여부를 결정합니다. 여러분이 제공하는 서비스를 이용하면서 불편을 겪는다면, 그들은 여러분의 사이트를 사용하기 위해 지불하는 비용이 이익보다 더 크다는 인식을 갖게 될 위험이 있습니다. 그것도 갑작스레 말입니다. 그러나 대형 사고가 일어나기 전이나 벌어지는 중에라도 감성적 유대가 있다면, 고객을 잃는 위험을 줄일 수 있습니다.

사실 여러분이 강렬한 경험을 만들어내면 고객은 그동안 겪었던 불편함에 대해서는 싹 잊어버리고 여러분의 브랜드에 대해 좋은 기억만 가지게 되는 경우도 많습니다. 좋은 것이 나쁜 것을 앞서는 한, 여러분은 승리한 것입니다. 이것이 바로 호의를 제공해야 하는 이유입니다. 문제는 반드시 발생할 텐데, 이런 상황에서 호의는 보험 증권과도 같기 때문입니다.

플리커는 좋지 않은 상황에 있을 때 사용자들이 보내는 좋은 반응이 정말 중요하다는 것을 경험했습니다. 앞으로 보게 되겠지만 광적인 팬이 있는 것이 꼭 나쁜 일은 아닙니다.

플리커 : 레몬을 레모네이드로 만들 것[1]

2006년 7월, 높은 인기를 누리는 사진 저장 서비스인 플리커에 저장 용량 오류가 발생했습니다. 사진은 안전했고 유실된 데이터도 없었지만 수천 명의 열성적인 사용자들은 가장 좋아하는 포토 사이트가 일시적(대략 3시간쯤이었죠)으로 먹통이 되어 불편을 겪어야 했습니다. 엔지니어들이 사이트를 복구하는 동안 긴장감은 높아졌습니다. 사용자들의 근심 어린 문의가 쏟아졌거든요.

위기의 상황에서 플리커 운영팀은 천재적인 솜씨를 발휘했습니다. 그들은 식당에서 음식이 나오기를 기다리는 동안 떼쓰는 아이의 주의를 딴 데로 돌리는 노련한 부모의 입장에서 생각했습니다. 플리커는 위기의 상황에서 사용자의 시선을 돌리기 위해 색칠대회를 진행했습니다. 그들은 서비스 중지 이유를 설명하는 메시지를 게시하고, 사용자에게 페이지를 색칠하여 창의적인 무언가를 만들어달라

---

[1] 살다 보면 어려운 일이 생길 때도 있지만 이를 자신에게 유리한 상황으로 바꾸라는 의미

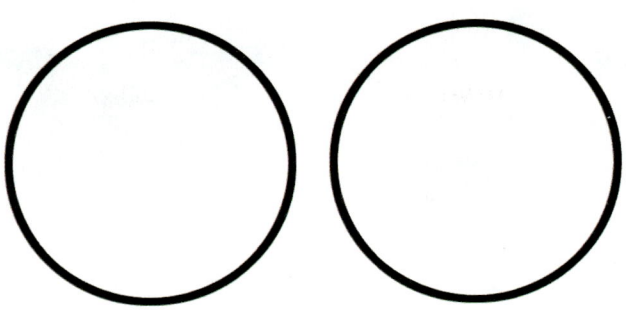

그림 6.1: 2006년 7월 대규모 서비스 중지 사태가 벌어진 동안 플리커는 색칠대회를 열었습니다. 사용자가 받은 스트레스를 대회 참가로 인한 만족감으로 전환한 것입니다.

고 요청했습니다. 우승자에게는 일년간 플리커 프로^{Flickr Pro} 계정을 무료로 제공한다고 했습니다(그림 6.1).

사용자는 포토 갤러리가 없어진 사실을 곱씹기보다는 상을 타기 위한 방법을 고민하게 되었습니다. 수백 편이 출품되었는데 그중 일부는 정말이지 기발했습니다(그림 6.2).

사이트가 다운되고 많은 이들이 불편을 겪었지만 플리커 사용자의

그림 6.2: 사람들은 플리커 색칠대회에 미친 듯 열중했습니다. 몇 장 안 되는 무료 프로 계정을 획득하기 위해 기발한 작품들이 출품되었습니다. 위의 사진은 KC 순^{KC Soon}(http://bkaprt.com/de/9, 왼쪽)과 바트 쿵^{Bart Kung}(http://bkaprt.com/de/10, 오른쪽)의 작품 사진들이다.

기억에는 색칠대회에 참가하면서 느낀 재미만 남았습니다. 그중 일부는 프로 서비스 일년 무료 이용권을 받기도 했으니 얼마나 좋았을까요?

끝이 좋으면 다 좋은 것입니다. 하지만 실수에 직면했을 때나 고객의 터져 나오는 불만을 다스리기 위해 고군분투해야할 때에 플리커의 경험에서 배울 수 있는 교훈이 있습니다. 그것은 바로 플리커와 같은 상황에서 생길 수 있는 사용자의 부정적인 감정에 현명하게 맞서는 것이 중요하다는 것입니다. 그리고 여러분이 사이트 여기저기에 디자인한 경험이 여러분을 구원할 수 있다는 것입니다.

플리커는 사용자와 조용히 그리고 솔직하게 소통함으로써 힘난한 상황을 헤쳐 나왔습니다. 플리커가 이 상황에 어떻게 대처했는지를 좀 더 자세히 살펴보면서 감성 디자인이 사용자 반응에 어떤 영향을 미치는지 알아보겠습니다.

상황에 대응하기: 재미 이전에 사실

플리커와 유사한 상황에서는 근심을 덜어주기 위한 적절한 어조^{tone}

가 정말 중요합니다. 여러분의 실수나 서비스 중단으로 사람들이 엄청난 스트레스를 받고 있으므로 즉각적으로 무슨 일이 벌어졌는지 솔직하고 명확하게 설명해야 합니다. 사람들에게 상황에 대한 사실 관계를 제공하고, 여러분이 이 상황을 타개하기 위해 최선을 다하고 있다는 것을 느끼도록 만드는 것입니다. 그런 다음 사용자에게 정기적으로 진행 상황을 전합니다. 진행 상황이 느리더라도 말입니다. 상황이 전개되는 동안 플리커가 자신의 블로그를 통해 한 일이 바로 그런 것입니다(http://bkaprt.com/de/8).

현재 상황을 실시간으로 업데이트하면 사람들은 여러분이 문제 해결을 위해 모든 힘을 쏟고 있다는 것을 알게 됩니다. 이로 인해 여러분은 불편함에 대해 사과할 수 있고, 최대한 신속하게 문제를 해결할 것이라는 점을 사용자에게 다시 한 번 알릴 기회를 얻게 됩니다.

일단 사용자의 감정을 달래는 데 최선을 다하세요. 그다음에는 플리커처럼 사고 전환 전략을 고려해볼 수 있습니다. 사용자에게 무언가를 무료로 제공한다면, 여러분이 지금까지 열심히 쌓아온 호감을 되살릴 수 있습니다. 그리고 여러분이 문제 해결을 위해 최선을 다하는 동안 사용자가 집중할 수 있는 무언가를 제공하는 효과도 있습니다. 모두에게 보상을 제공하는 것이 불가능하다면, 대회를 여는 것이 최소한의 비용으로 동일한 사고 전환 효과를 얻을 수 있는 멋진 방법이 될 수 있습니다.

스트레스가 극심한 상황에서 여러분이 해야 할 가장 중요한 과제는 부정적인 감정을 최대한 줄여주는 것입니다. 그리고 가능하다면 부정적인 감정을 긍정적으로 돌려놓아야 합니다.

서비스 중단 사태에 대한 플리커의 현명한 대처가 스스로를 구한 것이기도 합니다만, 위기가 닥쳤을 때 사용자가 플리커를 떠나지 않은 데는 다른 이유도 있었습니다.

플리커의 서비스 중단과 복구 사태에 숨겨진 영웅

2006년 7월 19일에 플리커를 구원한 것은 사실 기발한 색칠대회만은 아니었습니다. 사용자의 지지를 받아온 원동력은 플리커 사이트에 숨겨진 감성 디자인이었습니다. 플리커는 감성 디자인의 아이콘입니다. 인터페이스에 격의 없고 인간미 있는 개성을 생성하여 사용자로 하여금 기쁨을 맛보게 한 것이죠. 우리는 가입 페이지에서 볼 수 있는 다국어 인사말을 사랑합니다. 사랑스러워서 꼭 껴안아 주고 싶은 팬더가 인터페이스에 등장하는 순간은 언제나 재미납니다. 색칠대회는 그들에게 헌신적인 지지자를 만들어주었던 감성 디자인이 구축한 디자인 페르소나가 스스로를 알리는 방법 중 하나일 뿐이었습니다. 좋아하는 웹 앱에 접속할 수 없을 때 사람들이 화를 내는 것은 당연합니다. 하지만 사이트에서 오랜 기간 쌓아온 좋은 경험은 서비스 중지라는 불편함을 넘어섭니다.

감성 디자인은 상황이 여러분의 뜻대로 움직이지 않을 때에도 고객의 신뢰를 유지하는 보험과 같습니다. 여러분이 어떤 이와 감성적인 유대감을 이루었는데 그가 여러분에게 상처를 주었다고 생각해 보세요. 이런 상황에 처하면 사람들은 논리보다 본능에 따라 움직입니다. 그 사람과의 유대감을 이어갈지 말지를 결정하기에 앞서 좋고 나쁜 경험들을 마음에 쌓아두고 꼼꼼하게 비교하지는 않습니다. 여러분이 가진 감성적 유대감의 강도에 따라 반응하는 거죠. 즉 이성보다는 감성을 따라 즉각적으로 반응합니다. 우리가 상품이나 서비스에 반응하는 것도 이와 유사합니다.

감성적인 유대감은 정말 심각한 위기 상황에서도 과거를 되돌아보고, 나쁜 기억보다는 좋은 기억을 더 많이 떠오르게 만듭니다. 심리학자들은 이 긍정적인 기억 현상을 장밋빛 효과^{the rosy effect}라고 합니다. 세월이 흐르면서 불편하거나 좋지 않은 기억은 흐릿해지고 긍정적인 기억만 남아 우리의 인식을 형성한다는 것입니다. 나이 든 어른들이 항상 하는 말인 "옛날이 좋았어"와 같은 맥락이죠.

이것은 디자이너들에게 희소식입니다. 우리의 작업에서 발견되는 불가피한 결함이 사용자가 대규모로 떠나가는 사태로 이어지지 않을 수도 있다는 의미이기 때문입니다. 도널드 노먼^{Donald Norman}은 '기억이 사실보다 중요하다'^{Memory is more important than actuality}(http://bkaprt.com/de/11)는 기사에서 완벽을 추구하는 것은 비논리적인 목표라고 주장합니다. 결국 우리가 만들어내는 종합적인 경험이 우리 작업에 대한 사용자의 기억을 형성하게 된다는 것이죠.

> 우리는 인터랙션 디자이너로서 혼란과 어려움, 그리고 무엇보다 나쁜 경험을 없애기 위해 애쓴다. 하지만 알고 있는가? 인생은 나쁜 경험으로 가득하다. 우리는 나쁜 경험을 견뎌낼 뿐만 아니라 그 상황에 대한 우리의 기억 속에서 나쁜 기억은 최소화하고 좋은 기억을 강화한다.
>
> 완벽한 경험을 제공하는 것 때문에 우리의 모든 시간을 쏟아붓는 오류를 범하지 말아야 한다. 왜 그럴까? 완벽하다는 것은 대부분 불가능하기 때문이다. 그보다 더 중요한 것은, 완벽은 노력할 만한 가치가 없다는 것이다. 사람들이 애플리케이션과 웹사이트, 제품 또는 서비스를 사용하다가 어떤 문제가 생기면 어떻게 할 것인가? 여기서 중요한 것은 종합적인 경험이다. 기억되는 방식은 실제 경험보다 더 중요하다.

사이트의 실수와 문제점에 주의 깊고 사려 깊게 대응한다면 상황을 해결하는 데 분명 도움이 될 것입니다. 하지만 사건이 벌어지기 전에 감성 디자인의 기초 작업을 다져두어 고객과 감성적으로 교감하고 있다면, 고객은 여러분의 브랜드를 계속해서 숭배할 것입니다. 우리가 주의 깊게 고안한 감성 디자인을 통해 고객으로부터 용서를 받으면, 실수를 하더라도 고객을 잃거나 수익이 심각하게 줄어드는 일은 없을 것입니다. 이것 하나만으로도 우리의 디자인 프로세스에 감성 디자인을 포함해야 하는 강력한 이유가 될 것입니다.

다음 장이자, 이 책의 마지막 장인 7장에서는 우리가 감성을 위한 디자인을 할 때 처하게 되는 위험에 대해 다룰 것입니다. 그리고 보상이라는 것이 사업적인 측면에서 매우 잘 통하는 방법임을 증명하는 구체적인 논거도 함께 알아보겠습니다.

7 위험과 보상

디자인에서 감정을 드러내는 것은 실제 생활에서 감정을 드러내는 것만큼이나 위험한 일입니다. 어떤 사람들은 감정을 드러내는 그 자체를 이해할 수 없다고 합니다. 심지어 감정을 드러내는 걸 싫어하기도 하죠. 하지만 괜찮습니다. 감정적인 대응은 무관심보다는 훨씬 긍정적인 반응이니까요.

감성 디자인은 고객을 사로잡는 것 이상의 효과가 있으며, 여러분에게 맞는 사람과 대화하고 있다는 사실을 확인시켜줍니다. 모든 고객이 여러분의 사업에 적합한 것은 아닙니다. 어떤 이들은 세심한 관리가 필요해서 그들이 이바지하는 것보다 더 큰 비용이 듭니다. 사기 진작에는 도움이 되지만 재정적으로는 짜증 나는 존재죠.

사람들이 여러분의 제품이나 서비스, 브랜드가 경쟁업체와 어떻게 다른지를 불평한다면 여러분은 올바른 방향으로 가고 있는 것입니다. 적어도 그들이 서비스 품질이나 신뢰성에 대해 불평하는 것이 아니라면 말입니다. 브랜드에 대한 열정이 높아지면 여러분을 이해하지 못하던 사람들도 생각을 바꾸게 될 것입니다. 어떤 제품이나 서비스와 사랑에 빠지기 전에 다른 이들의 검증이 필요한 사람도 있거든요. 우리는 본능적으로 기존의 것과 다르면 위험하다고 생각합니다. 하지만 이보다 더 큰 위험은 경쟁업체들과 같아지는 것입니다. 여러분의 브랜드가 왜 더 나은 선택인지 사람들에게 이해시키기가 더욱 어려워지기 때문이죠.

우리는 이 책에서 많은 테크닉과 실제 사례들을 보았습니다. 하지만 데이터만큼 감성 디자인의 가치를 잘 알려주는 것은 없습니다. 책을 마무리 짓기 전에 저는 여러분에게 경험에 따른 논거를 주려고 합니다. 상사나 동료에게 영향을 주어, 감성 디자인에 수반되는 위험을 미리 계산하여 이를 극복할 수 있도록 말입니다.

실행하기

저는 여러분이 고객들에게 지속적으로 영향을 미칠 디자인 요소에 열정을 가지기를 바랍니다. 하지만 여러분의 상사가 감성 디자인의 가치를 모른다면, 여러분의 열정을 작업에 불어넣기가 어려울 것입니다. 상사나 의뢰인이 "잘 모르겠네요. 감성 디자인인지 뭔지 말이죠. 뭔가 위험할 것 같아요"라고 말할 때를 대비하여, 여러분은 사례 연구와 실천 계획으로 무장되어 있어야 합니다. 아무리 의심이 많은 사람이라도 여러분의 아이디어가 좋다는 것을 알 수 있게 하려면 말입니다. 담당자를 완전히 굴복시킬 계획을 짜기 전에 먼저 세 개의 실제 사례를 구체적인 데이터와 함께 살펴보겠습니다. 이 데이터는 여러분의 주장에 힘을 실어주는 한편, 비판의 목소리는 쏙 들어가게 할 것입니다.

그림 7.1: 사이트에 부활절 달걀 찾기 게임을 넣은 커피컵 소프트웨어는 놀라운 결과를 얻었습니다.

작게 시작하기: 커피컵 소프트웨어CoffeeCup Software[1]

감성 디자인을 실행하려고 사이트를 다시 디자인하거나 이름을 바꿀 필요는 없습니다. 물론 그것도 괜찮은 일이지만 작게 시작하는 방법을 추천합니다. 먼저 사이트의 작은 부분에서 간단한 실험을 해보는 것입니다. 기간 역시 짧게 제한하세요. 이 방법은 커피컵 소프트웨어(http://coffeecup.com)가 2010년 봄에 실행했던 방법이기도 합니다.

부활절이 다가오는 시점에서 커피컵 운영팀은 사이트에 재미있는 부활절 달걀 찾기 게임을 할 수 있게 만들었습니다. 목표는 매우 단순했습니다. 그저 트래픽 수를 늘려 매출을 늘리자는 것이었죠. 그들의 기대치는 정확히 사업적인 면에 초점을 맞추었지만 대단할 정도의 수준으로 개편한 것은 아니었습니다.

운영팀은 작은 토끼들이 부활절 달걀을 여기저기에 교묘하게 숨겨 놓는 것처럼 사이트 곳곳에다 달걀을 숨겨놓았습니다. 달걀은 하루

---

[1] 홈페이지 제작 소프트웨어를 개발·판매하는 미국 업체

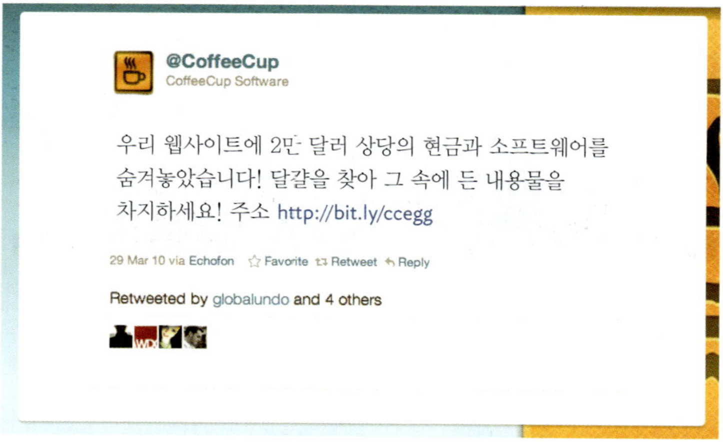

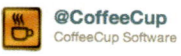

그림 7.2: 커피컵의 부활절 달걀 찾기 게임은 부사장 J. 코넬리우스의 트위터 메시지로 그 시작을 알렸습니다.

중 특정 시간에만 보이거나 몇 페이지를 넘기면 보이도록 만들었습니다(**그림 7.1**). 이것은 유치원에서 하는 달걀 찾기 놀이와는 차원이 다른 것이었습니다. 우승 달걀을 찾기 위해 다들 혈안이 되었으니까요. 실제로 우승 달걀을 찾은 사람은 부상으로 소프트웨어 패키지나 현금을 받았습니다.

커피컵의 부사장인 J. 코넬리우스J. Cornelius는 트위터에 메시지를 띄우는 방법으로 달걀 찾기 게임의 시작을 알렸습니다(**그림 7.2**).

메시지를 올린 직후 트위터와 페이스북에 이 소문이 퍼졌고, 사이트의 트래픽은 급증했습니다. 첫 사흘 동안 트래픽이 세 배나 증가했으니까요. 달걀 찾기 게임 이전에는 방문객 한 명당 열어본 페이지가 보통 5페이지 정도였는데, 달걀 찾기 게임이 시작되고 나서는 평균 30페이지씩 열어본 것으로 드러났습니다. 사람들은 우승 달걀

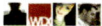

을 찾으려고 사이트에서 많은 시간을 보냈습니다. 한 사용자는 페이스북에 있는 팬 페이지에 5시간에 걸쳐 우승 달걀을 찾아다녔으며, 결국 이 사이트의 고객이 되었다고 고백했습니다.

> 이 소프트웨어를 알게 되어 정말로 기쁩니다. 꽤 오랫동안 사고 싶어서 돈을 모으고 있었거든요. 이젠 다른 소프트웨어에도 관심이 생겼습니다. 5시간 동안 달걀을 찾아다니다가 봐둔 소프트웨어가 있거든요.

paintbrush라는 아이디를 사용하는 한 포럼 참가자는 대회에 참가한 소감을 이렇게 이야기했습니다(http://bkaprt.com/de/12).

> 도저히 포기가 안 되네요. 이제 사흘째예요. 얼마나 많은 시간을 허비했는지를 생각하면 정말 부끄러워요. 어쨌든 내가 본 달걀을 모두 다 클릭해보았어요. 맨 처음 것부터(월요일 10시 15분부터) 하나씩 모두 해봤는데, 이미 다른 사람들이 다 가져갔더군요!

자신의 사이트에서 사흘씩이나 보낸 방문객이 한 명이라도 있다고 말할 수 있는 사람이 있나요? 우리에게 그런 날이 오기는 할까요? 커피컵 포럼에는 이 판촉 행사에 관한 이야기들이 넘쳐났습니다. 3,700개가 넘는 게시물이 만들어졌고, 조회 수는 5만 5,000건을 넘었습니다. 달걀 찾기 대회는 커피컵이 소셜 네트워킹에서 어디까지 갈 수 있는지 영원히 기억될 효과를 남겼습니다. 그들의 페이스북 팬은 217%가 증가했고, 트위터 팔로워는 170%가 늘어났습니다. 이 실험 덕분에 그들은 더 많은 고객과 계속해서 교류할 수 있게 되었습니다.

커피컵의 홍보 활동에 대한 통계 수치는 믿기 어려울 정도입니다. 그들은 이 책의 6장에서 보았던 디자인 원칙 중 많은 것을 사용했습

위험과 보상   **119**

니다. 다양한 보상 제도와 기대심리, 특권의식 등이 포함된 방법은 강력한 효과를 만들어냈습니다. 정확한 수치는 당사에 의해 비밀에 부쳐졌지만, 매출도 통계와 더불어 늘어난 것은 당연한 일입니다.

커피컵은 제한된 시간을 두고 실험을 했습니다. 그 후에는 사이트가 원래 모습으로 돌아갔죠. 그들이 사용한 감성 디자인 원칙의 위험도 사라졌습니다. 우리는 그들이 위험을 감수하고도 남을 만큼의 성과를 얻었다고 생각합니다.

모험 삼아 시도해본 감성 디자인으로 큰 보상을 받은 블루 스카이 레주메Blue Sky Resumes 사이트에도 같은 법칙이 적용됩니다.

대대적 개편: 블루 스카이 레주메의 디자인 개편

여러분이 새로운 사이트를 시작하고자 한다면, 더불어 한 걸음 더 나아가보겠다는 결심이 섰다면 여러분의 브랜드와 디자인, 메시지를 한층 폭넓은 감성 디자인 전략과 엮어볼 수 있습니다. 훌륭한 이력서 작성 전략을 지원하는 블루 스카이 레주메(http://blueskyresumes.com)가 2010년 웹사이트의 디자인을 개편할 당시 했던 일이 바로 그것입니다. 노스캐롤라이나에 기반을 두고 있으며, 매튜 스미스Matthew Smith가 이끄는 디자인 에이전시 스퀘어드 아이Squared Eye(http://squaredeye.com)가 이 디자인 개편 과정을 이끌었습니다.

스퀘어드 아이는 작업을 시작하기 전에 블루 스카이 레주메와 경쟁하는 업체의 웹사이트를 살펴보았습니다. 대부분 비슷한 모양새를 하고 있었는데, 저렴한 이미지 대여 사이트에서 구입한 것 같은 사진과 답답해 보이는 서체와 색채를 사용하여 전반적으로 천편일률적인 느낌이었습니다. 사람으로 말하자면 모두 다 변변치 못한 남자의 느낌이었죠. 여러분의 경력 관리를 위하여 핵심 역할을 하게 될 회사로서 자신감을 불어넣기에는 부족해 보였습니다.

먼저 에이블 디자인^{Able Design}(http://designedbyable.com)이 블루 스카이의 브랜드를 개편했고, 그다음에 스퀘어드 아이가 블루 스카이 레주메의 웹사이트를 디자인했습니다. 개편의 목표는 이 사이트가 젊고 기술에 능숙한 전문인, 다시 말해 수북이 쌓여 있는 이력서들 속에서 다른 지원자와 차별되기를 원하는 지원자에게 딱 들어맞는 선택임을 보여주는 것이었습니다. 스퀘어드 아이는 대상 고객을 한정 지어 접근함으로써 브랜드 개성을 디자인하는 데 창조적인 자유를 누릴 수 있었습니다. 다른 많은 이력서 서비스가 집착하던, 보편적이면서 모두가 좋아하는 디자인 접근 방식을 거부했습니다.

사이트 디자인을 살펴보면, 회사 이름을 가지고 살짝 장난을 치지만, 분명 희망찬 미래의 느낌을 줍니다. 특히 세계적인 불황으로 수

그림 7.3: 블루 스카이 레주메 사이트의 개편된 디자인이 격의 없고 유쾌한 개성을 만들어내자 전환율이 극적으로 향상되었습니다.

많은 실업자가 양산된 현실에 비추어볼 때 이는 매우 강력한 메시지입니다. 상단 부분에 둥실 떠 있는 구름과 위트 넘치는 문구, 강력하지만 편안해 보이는 약간 두꺼운 세리프체로 쓰인 제목 서체와 같은 몇 가지 요소에 의해, 블루 스카이 레주메를 방문하는 사람들은 이 사이트가 독특하다는 것을 알게 됩니다. 방문객 자신을 보는 것처럼 말이죠. 매튜 스미스는 디자인 과정을 이렇게 묘사합니다.

> 제가 넣고 싶었던 것은 신선하고 재미있는 디자인뿐만 아니라 현재 웹에서 사용되고 주목받는 테크닉이었습니다. 우리는 디자인에 개성을 더하는, 흔치 않은 레이아웃 시스템을 도입했고, 웹 브라우저에서 다양한 폰트를 사용할 수 있게끔 @font-face를 사용했습니다. 이 모든 테크닉은 강력한 사진과 기발하고 재미난 순간을 결합했습니다. 사이트가 더욱 즐겁고 에너지 넘치게 느껴지도록 말입니다. 우리는 블루 스카이 레주메의 일부 고객의 생각과 배치되는 가설을 실험해보았습니다. 결국에는 이를 극찬하는 기사를 접할 수 있었습니다.

새로운 웹사이트를 공개했을 당시에도 성공을 확신했지만, 그들이 목격한 결과는 예상을 뛰어넘는 것이었습니다. 새로운 웹사이트로 인한 한 달 기준 제안서 요청 수 증가율이 15%였습니다. 고객 한 명당 평균 수익 또한 15% 신장했습니다. 고객 수는 매달 65% 늘었으며, 총수익은 85% 늘어났습니다. 기존에도 괜찮았던 전환율은 25%에서 36%로 높아졌습니다.

한마디로 블루 스카이 레주메는 새로운 웹사이트 덕분에 엄청난 비즈니스 성장을 경험했습니다. 사이트와 잘 맞는 사람들에게 다가갈 수 있었고, 이들과 지속적인 관계를 맺을 수 있게 된 것입니다. 이 통계가 시사하는 인상적인 점은 바로 이것입니다. 블루 스카이 레주메의 마케팅은 바뀐 것이 아무것도 없다는 점이죠. 전환율 향상과 수익 증대 모두 감성 디자인을 최우선시한 사이트 디자인 개편의 결과였습니다.

블루 스카이 레주메의 공동 설립자인 루이스 플레처Louise Fletcher는 디자인 개편 후 가입자 수가 폭증한 이유에 관한 흥미로운 통찰을 들려줍니다.

> 그 수치는 사이트 디자인이 잠재 고객을 실제 고객으로 먼저 전환했다는 것을 보여준다. 다시 말해 그들은 우리와 접촉하기 전부터 이미 설득된 사람들이었다는 것이다. 이 때문에 우리의 전환율은 거의 50% 폭증했다.

디자인 개편 직후 오프라 매거진Oprah Magazine의 크리에이티브 디렉터가 이들의 이야기를 싣고 싶다는 요청을 해왔습니다. 일부 능력 있는 여성들의 커리어 메이크오버career makeover[2]에 관한 기사였죠. 오프라 매거진이 블루 스카이 레주메를 고른 이유는 무엇일까요? 블루 스카이 웹사이트가 자신을 인간적인 업체, 즉 고객의 가장 큰 관심사를 마음 깊이 새기는 업체임을 보여주었기 때문입니다. 다시 말해 그들은 돈 버는 데만 관심이 있고, 최대한 이력서를 많이 찍어 내려고만 하는 경쟁업체와는 다르게 보였다는 것이죠. 블루 스카이 레주메가 개개인을 존중한다는 점을 바로 사이트 디자인이 보여 주었던 것입니다.

블루 스카이 레주메가 스퀘어드 아이의 디자인 방향을 조금 불안해 하던 시기도 있었습니다. 기존의 익숙한 방식과 너무도 달라서 위험하게 느꼈던 것이죠. 하지만 결국 개성을 드러냄으로써 블루 스카이 레주메의 비즈니스는 급성장했습니다.

블루 스카이 레주메는 디자인 개편에 모든 것을 걸었습니다. 커피컵은 일시적이고 계산된 방법을 택했죠. 세 번째 길은 이들 두 방

---

[2] 경력상의 파격적인 변신

법 사이에 있습니다.

중간 지대: 점진적 향상progressivly enhance

여러분은 커피컵 소프트웨어의 경우에서 본 것처럼 작고 일시적인 변화를 통해 감성 디자인을 실험해볼 수 있습니다. 블루 스카이 레주메가 한 것처럼 브랜드와 디자인의 대대적인 개편을 통해 모든 것을 걸어볼 수도 있습니다. 여러분이 감성 디자인을 탐구하는 데는 한 가지 방법이 더 있습니다. 웹사이트를 만드는 사람들을 위한 잡지인 〈A List Apart〉를 읽어보았다면, 점진적 향상progressive enhancement(http://bkaprt.com/de/13)에 대해 이미 알고 있을 것입니다. 많은 이들의 필요에 부응하는 웹사이트를 제작하자는 개념인데요. 안정적인 기반 위에 향상된 요소를 덧입혀서 성능이 향상된 브라우저를 사용하는 사람들에게 풍부한 경험을 제공한다는 것입니다.

점진적 향상은 웹 표준 기반의 웹사이트를 제작하는 우리 같은 사람들이 가지는 두 번째 본성입니다. 사용자 경험 디자인과도 소통할 수 있는 개념이죠.

4장에서 메일침프의 인터페이스에 적용된 감성 디자인 테크닉에 대해 공유했습니다. 경험적인 유머와 재미 덕분에 우리는 충성도가 높은 팔로워를 만들 수 있었습니다. 하지만 여기에는 부정적인 면도 있습니다. 사람들 대부분은 앱이 던지는 농담을 아주 재미있게 받아들였습니다만 이 농담을 정말 싫어하는 사람도 있다는 것입니다. 한마디로 자기 스타일이 아닌 거죠. 비슷한 개성을 가진 사람 끼리는 쉽게 뭉쳐 공생하는 기쁨을 만들어내지만, 서로 다른 개성을 가진 사람들은 물과 기름처럼 공존할 수 없는 것과 같은 이치입니다.

우리는 일부 사람들이 우리 브랜드의 개성과 동질감을 이해하지 못한다고 개성을 포기하고 싶지는 않았습니다. 그래서 디자인 페르소나에 대한 불평을 조장하는 세력이나 이들이 간헐적으로 날리는 트위터 메시지를 조용히 잠재울 수 있는 해결책을 찾게 되었죠. 우리는 앱 설정 안에 사용자가 재미 요소를 비활성화시킬 수 있는 옵션을 넣었습니다. '썰렁 모드party pooper mode'를 켜기만 하면 모든 인터페이스에 띄워지는 인사말을 비롯한 모든 격식을 갖추지 않은 말이 차단됩니다. 고객이 농담을 받아들이지 않을까 봐 걱정하는 이와 고루한 이를 위해 충분히 예의범절을 따지는 엄격한 모드로 바꾸는 것이죠.

솔직하게 말하겠습니다. 저는 일부 사람들의 불평을 달래기 위해 썰렁 모드를 넣는 것에 원칙적으로는 반대했습니다. 우리를 가장 특별하게 만드는 무언가를 포기하고 모든 이를 만족하게 하는 보편적이며 평범한 것을 만드는 것처럼 느껴졌거든요. 이런 의구심은 옳은 것이었지만, 그것이 우리 브랜드가 잘못될지도 모른다는 염려는 틀린 것이었습니다.

썰렁 모드가 도입된 지 일년 정도 지나자, 우리는 얼마나 많은 사용자가 실제로 그 기능을 사용했는지 궁금해졌습니다. 저는 그 수가 많을까 봐 두려웠습니다. 정말 힘들게 구축한 디자인 페르소나를 평가하는 국민투표같이 느껴졌죠. 결과를 보니 0.007%의 사용자만이 썰렁 모드를 사용한 것으로 밝혀졌습니다. 메일침프 브랜드를 받아들이지 못하는 썰렁한 사람이 몇몇 있는 것은 사실이고, 이들이 소리 높여 항의하는 것도 사실입니다. 하지만 그보다 훨씬 많은 사람이 이 브랜드를 긍정적으로 받아들이며, 애플리케이션이 제공하는 즐거움을 정말로 맘에 들어 했던 것입니다. 이러한 시도는 약간의 위험을 감수할 만한 가치가 충분히 있습니다.

점진적 향상이 여러분의 디자인에 있어 가치 있는 옵션이 될지도 모릅니다. 고객과 상사의 걱정을 덜어줄 수도 있고, 여러분의 개성을 이해하지 못하는 사람들의 반발을 잠재울 수도 있습니다.

많은 사람이 이에 동의하고 있습니다. 지금껏 우리는 감성 디자인의 가치가 가진 확실한 증거들을 살펴보았습니다. 하지만 한 가지 풀어야 할 문제가 남아 있습니다. 상사에게 여러분이 원하는 것을 해보자고 설득하는 것입니다. 그런데 어떻게 설득해야 할까요?

상사 설득하기

사이트 개편에 대해 여러분의 상사나 고객을 설득하는 것은 어려운 일입니다. 조직에 큰 영향을 미칠 수도 있으니까요. 그래서 조금은 두려운 일이기도 합니다. 하지만 이제 여러분에게는 구체적인 사례 연구도 있고, 여러분의 주장을 뒷받침할 만한 강력한 데이터도 있습니다. 여러분에게 필요한 것은 계획뿐입니다.

큰 그림부터 시작해봅시다. 여러분의 조직이나 의뢰인이 고객과 더욱 밀접한 관계를 맺기 위해 웹사이트의 브랜드 개편이나 디자인 개편을 원합니까? 그리고 할 수 있는 능력이 있습니까? 전면적인 디자인 개편이 힘들다면 브랜드나 사이트 디자인에 작은 변화를 주어 수정하는 것은 가능한가요? 이 질문 중 하나라도 "예"라고 답했다면, 3장에서 살펴보았던 디자인 페르소나를 가지고 시작해보세요.

여러분의 브랜드가 이미 고객과의 접점을 가지고 있다면, 디자인 페르소나는 여러분이 고객과 맺고자 하는 관계뿐만 아니라 그들이 여러분과 맺기를 원하는 관계에 집중할 수 있는 좋은 연습이 될 것입니다. 이것은 여러분이 가진 감성 디자인 아이디어에 대해 상사와 토론을 시작할 때 써먹을 수 있는 아주 좋은 무기입니다.
"우리가 이렇게 하면 참 좋을 것 같습니다만……"
여러분의 주장을 펼칠 때 이런 말로 시작하지 마세요. 여러분은 디자인 페르소나에 관한 문서를 참조하여 이렇게 말하면 됩니다.
"우리 브랜드의 개성은 이러하며…… 이렇게 함으로써…… 우리는 경쟁업체와 차별화할 수 있습니다. 우리 고객들과 훨씬 발전된 관계를 구축하면서 말입니다."
여러분의 아이디어를 회사의 목표와 결합해보세요. 의견에 기반을 둔 주장은 하지 마세요. 그러면 여러분의 상사가 절대 무시할 수 없는, 강력한 주장을 펼칠 수 있을 것입니다.

이 책에서 살펴본 사례에서 증명된 것처럼 과학과 심리학이 분명 중요한 요소로 작용합니다. 여러분의 아이디어를 담당자 앞에서 말한다면, 여러분이 알게 된 원리들을 두려워 말고 언급하세요. 감성 디자인은 따뜻하고 포근하기만 한 경험이 좋은 것은 아니라는 것을 알고 있습니다. 사례 연구와 더불어 강력한 이론 제시는 여러분의 의견을 더욱 탄탄하게 할 것입니다. 단순히 사이트를 디자인하는 것이 아닙니다. 이것은 소비자의 의사결정 과정을 비롯한 일상생활의 중심이 되는 것입니다. 여러분의 사이트에 감성 디자인을 더욱 효과적으로 적용할수록, 전환율과 매출 또한 늘어난다는 말입니다.

이 책에 제시된 사례 연구를 이용해서 대화를 시작해보세요. 상사에게 작업하고 있는 사이트를 향상하는 방안에 대해 개인적으로 자료를 조사해왔다는 것을 보여주세요. 이것은 놀라운 대담함을 발휘하는 일이며, 유리한 위치에서 시작하는 것입니다. 손을 드세요! 한두 가지 사례 연구와 작업하는 프로젝트를 연관지어 설명해보세요. 여러분이 속한 조직과 관련성이 있다는 것을 사장님이 알게 될 것입니다.

여러분이 제시하는 예시가 여러분의 조직이 가진 브랜드에 적합한지 확인하세요. 그래야 상사는 여러분이 제시하는 개념에 계속 집중할 수 있고, 시행 단계의 세세한 사항들에 정신을 놓지 않을 것입니다. 기억하세요. 감성 디자인은 사용성과 기능성, 신뢰도에 절대로 방해가 되어서는 안 됩니다.

사이트의 모든 것을 한꺼번에 혁신하려고 애쓰는 것보다 개선하고자 하는 한 가지 핵심 척도만 고르는 것이 좋습니다. 평균적으로 사이트에서 보내는 시간이나 판매 문의 수 같은 것 말입니다. 감성 디자인 원리에 따라 인터페이스를 약간 수정한 후, 구글의 웹사이트 옵티마이저^{Google Site Optimizer}(http://bkaprt.com/de/14) 같은 도구를 사용해서 원래 디자인에 더해진 변화를 시험해보세요. 여러분이 목표한 바가 이루어졌다면, 여러분은 감성 디자인을 사이트의 다른 곳에도 적용해야 한다는 주장을 뒷받침할 수 있는, 확실하고 탄탄한 논거를 상사에게 보여줄 수 있게 된 것입니다.

결정권자의 자리에서 보면 변화란 대부분 언제나 위험을 동반하는 일일 것입니다. 여러분이 해야 할 일은 조직이 취할 수 있는 많은 이점을 전해야 하며, 크지 않은 위험이라면 한번 도전해볼 가치가 있다는 것을 보여주는 것입니다.

결론

많은 분량은 아니지만 우리는 이 책에서 긴 여정을 지나왔습니다. 그중 몇 가지만 들어보면 우푸와 베타브랜드, 하우징 웍스, 민트, 플리커, 그리고 블루 스카이 레주메가 적용한 디자인과 심리 작용의 원리들입니다. 고객층, 콘텐츠, 디자인은 서로 아주 다르지만, 이들 모두를 관통하는 한 가지 공통된 맥락이 있습니다. 우리가 살펴본 각각의 사이트는 장인의 기술과 강력한 개성에 가치를 부여하며, 이는 사용자로 하여금 사이트가 아닌 사람과 관계를 맺은 것처럼 느끼도록 한다는 것입니다.

이들 웹사이트는 잘 다듬어진 콘텐츠와 잘 다져진 디자인 작업이 어우러진 결과입니다. 이들 사이트는 기능적이고 신뢰도가 높고 사용성도 좋지만, 한 걸음 더 나아가 즐거운 경험을 만들어내고 있습니다. 감성 디자인은 겉모습만 한껏 부풀려서 웹사이트를 디자인했던 시절에는 한 번도 가늠해보지 못한 방식으로 고객과 소통합니다.

오늘날 우리는 자신의 개성을 작업에 투영할 수 있게 되었습니다. 그래서 사용자는 자신이 어떤 기업의 아바타가 아닌 진짜 사람과 소통하고 있다고 느낄 수 있습니다. 그들이 우리에게 애정을 주는 이유는 우리에게 진정성이 있기 때문이며, 그들이 우리를 신뢰하는 이유는 우리 브랜드에서 자기 자신을 볼 수 있기 때문입니다. 우리가 불가피한 실수를 해도 그들이 우리를 용서할 가능성이 좀 더 높아졌습니다. 우리의 솔직함이 눈에 보이기 때문입니다.

3장에서 저는 여러분에게 첫 만남에서 강한 인상을 남겼던 어떤 사람과 대면했던 기억을 떠올려보라고 요청했습니다. 여러분은 그 사람과 공통점이 많았으며, 농담을 주고받거나 개인적인 이야기를 하기가 쉬웠을 것입니다. 여러분은 진짜 인간적인 관계를 맺었다고 느꼈을 것입니다. 여전히 그 기억이 있나요? 그러기를 바랍니다. 왜냐하면 여러분이 감성 디자인을 시작하는 데 그 기억이 기준점이 될 것이기 때문입니다.

우리는 단지 페이지를 디자인하는 것이 아니라 인간적인 경험을 디자인합니다. 미술공예운동을 이끌었던 사람들처럼 우리도 인간적인 감성을 보존하고 우리의 작업 안에서 스스로를 보여주는 것은 선택사항이 아니라는 것을 잘 알고 있습니다. 그것은 정말 중요한 필수 요소입니다.

감사의 말

제프리 젤드먼Jeffrey Zeldman, 맨디 브라운Mandy Brown, 제이슨 산타 마리아Jason Santa Maria가 베풀어준 관대한 기회가 없었다면 여러분은 이 책을 손에 쥐어보지 못했을지도 모릅니다. 어북어파트A Book Apart의 '지식 무지개rainbow of knowledge' 연작 시리즈의 한 부분을 맡게 되어 정말로 영광스럽고, 걸출한 작가들 사이에 서게 되어 다시 한 번 겸허해집니다.

맨디 브라운과 크리스타 스티븐스Krista Stevens에게 심심한 감사의 말을 전하고자 합니다. 그들은 저를 능력보다 더 많은 것을 가진 작가로 만들어주었습니다. 글을 쓰다 길을 잃고 헤맬 때 참을성 있게 기다려주고, 꼭 필요한 시점에서 제 등을 따스하게 두드려주었습니다. 맨디와 크리스타, 그대들 덕분에 이 책을 쓰는 과정이 정말 즐거웠습니다. 고마워요.

휘트니 헤스Whitney Hess는 초고 단계에서 귀중한 의견을 나누어주었습니다. 덕분에 제가 올바른 방향으로 나아갈 수 있었죠. 이 책을 매의 눈으로 살펴보고 전문가적인 의견을 준 것에 정말 감사합니다.

저는 오랫동안 제러드 스풀Jared Spool을 존경해왔습니다. 사용자 경험에 대한 그의 뛰어난 조사 때문이었죠. 그의 도움 덕분에 우리는 사용자의 요구를 훨씬 더 잘 이해하고, 그들의 요구를 더 잘 들어줄 수 있었습니다. 이 책의 독자에게 그를 소개할 수 있게 되어 정말로 영광이며, 이 자체로 제게는 큰 선물입니다.

이 책을 쓰기 위해 자료 조사에 많은 시간을 보냈는데, 벤 체스트넛Ben Chestnut과 매튜 스미스Matthew Smith에게 정말 필요한 도움을 받았습니다. 벤은 제게 꾸준히 영감을 주었으며, 일년이 넘는 기간 동안 많은 사례를 들어주었습니다. 또한 그는 아주 특별한 작업 공간을 만들어주었는데, 이 책에서 여러분과 나눈 아이디어를 바로 그 공간에서 실험해볼 수 있었습니다. 저는 그에게 영원히 감사할 것입니다.

저는 매튜에게 감성 디자인의 사례들이 있다면 좀 눈여겨봐달라고 요청하는 이메일을 보냈었습니다. 그는 흔쾌히 수많은 사례를 보내주었고, 덕분에 저는 계속해서 이 책을 쓸 수 있었습니다. 고마워요, 매튜.

타이릭 크리스천Tyrick Christian은 3장의 디자인 페르소나의 사례를 모두가 사용할 수 있도록 융통성 있게 다듬는 과정에서 너무나 큰 도움을 주었습니다. 제가 상상하던 것들을 현실화할 수 있도록 도와주었으며, 그의 도움을 받을 수 있었던 것은 제게 큰 행운입니다.

책을 쓰는 것은 힘든 일이었습니다. 포기하지 않도록 힘을 주고 지원해준 사람들이 곁에 있어 무사히 마칠 수 있었습니다. 집필에 전념할 수 있도록 육아의 책임을 덜어준 아내 제이미에게 정말 감사합니다. 또한 제이미는 격려가 가장 필요한 순간에 따스한 격려를 아끼지 않았습니다. 그녀는 제가 일을 하는 데 있어 유일한 원동력입니다. 그녀와 인생을 함께하고 있는 저는 정말 운이 좋은 사람입니다.

이 책을 쓰기 시작하기 직전에 저는 아빠가 되었습니다. 저의 아들 올리비에는 책에서 인용한 뛰어난 디자이너와 사상가들보다 감성 디자인에 관해 많은 것을 가르쳐주었습니다. 저는 녀석의 지도편달 아래 더 나은 사람이 되었죠. 녀석에게 감사합니다.

참고 자료

우리가 시각적인 문제나 개념적인 문제를 풀려고 할 때 디자인 원리는 필수 가이드입니다. 단도직입적으로 말해 디자인 기본 원리에 대한 탄탄한 기초가 없다면, 여러분은 의미 없는 디자인이나 겉만 화려한 유혹에 빠질 수밖에 없습니다. 여러분이 디자인 책을 딱 한 권만 살 수 있다면, 그때 사야 하는 책이 바로 《디자인 불변의 법칙 125가지 Universal Principles of Design》1입니다.

디자인 원리와 디자이너, 작가, 강연자에 관해서라면 스티븐 앤더슨 Stephen Anderson이 많은 시간을 할애했습니다. 그는 친절하게도 자신의 통찰력을 사용하기 용이하도록 '멘탈 노트 Mental Notes 2'라는 한 벌의 카드 형태로 공유했는데, 각각의 카드가 감성 디자인의 새로운 원리를 소개합니다.

디자인과 감성의 관계를 처음으로 살펴본 전설적인 디자인 사상가 도널드 노먼 Donald Norman은 《감성 디자인 Emotional Design》3에서 우리가 제품과 사랑에 빠지는 이유를 살펴보았습니다.

우리가 이 책에서 살펴본 콘셉트와 테크닉 뒤에는 과학과 심리학의 많은 분야가 있습니다. 우리의 머릿속에서 일어나는 매혹적인 마법에 대해 좀 더 자세히 알고 싶다면 스티븐 핑커 Steven Pinker의 《마음은

---

[1] 윌리엄 리드웰, 크리티나 홀덴, 질 버틀러. 《디자인 불변의 법칙 125가지》. 방수원, 이희수(역). 고려문화사, 2012.
[2] http://bkaprt.com/de/16
[3] 도널드 노먼. 《감성 디자인》. 이영수, 최동성, 박경욱(역). 학지사, 2010.
[4] 스티븐 핑커. 《마음은 어떻게 작동하는가》. 김한영(역). 소소, 2007.

어떻게 작동하는가 How the Mind Works》4와 안토니오 다마지오 Antonio Domasio
의 《데카르트의 오류 Descartes' Error》5를 먼저 읽어보시기 바랍니다.

문영미의 《디퍼런트 Different》6는 일부 브랜드들이 돋보일 수 있었던 이유와 다른 브랜드와 확연히 구분될 수 있었던 이유를 살펴봅니다.

존 메디나 John Medina 박사는 우리의 뇌가 구성된 방식과 우리가 행동하는 방식 사이의 관계에 대한 엄청난 통찰을 제공합니다. 그의 저서 《브레인 룰스 Brain Rules》7를 읽어보세요. 흥미로운 경험이 될 것입니다.

사용자 경험 디자인을 막 시작했거나 관심을 가지고 있다면 《UX 디자인 프로젝트 가이드 A Project Guide to UX Design》8가 유용한 참고서가 되어줄 것입니다.

〈UX매거진 UXMag〉9에서는 인간 심리와 감성, 사용자 경험 디자인 분야를 탐험하는 기사들을 여럿 만나볼 수 있습니다. 그중에서 제가 좋아하는 기사들을 좀 모아보았습니다.

---

5 안토니오 다마지오. 《데카르트의 오류》. 김린(역). 중앙문화사. 1999.
6 문영미. 《디퍼런트》. 박세연(역). 살림Biz, 2011.
7 존 메디나. 《브레인 룰스(의식의 등장에서 생각의 실현까지)》. 서영조(역). 프런티어, 2009.
8 러스 웅거, 캐롤린 챈들러. 《UX 디자인 프로젝트 가이드 - UX 전문가가 전하는 UX 실무 노하우》. 이지현, 이춘희(역). 위키북스, 2010.
9 디자인 온라인 매거진. www.uxmag.com
10 http://bkaprt.com/de/23

- 데이나 치스넬^{Dana Chisnell}의 '좌절을 넘어^{Beyond Frustration 10}'
- 수잔 웨인쉔크^{Susan Weinschenk}의 'UX 디자인을 바라보는 심리학자의 시선^{The Psychologist's View of UX Design 11}'
- 너대니얼 봄^{Nathanael Boehm}의 '감성적 반응 테스트를 위한 체계적인 접근법^{Organized Approach to Emotional Response Testing 12}'

트레버 반 고프^{Trevor van Gorp}는 자신의 논문 〈A.C.T와 함께하는 감성 디자인: 파트 1^{Emotional Design with A.C.T.: Part 1}〉[13]에서 감성 디자인에 쓰인 개성의 역할을 살펴보았습니다.

이 책을 쓰기 위해 여러 명의 디자이너들을 인터뷰했습니다. 인터뷰 녹취록은 제 블로그[14]에서 전체를 볼 수 있습니다. 이곳에 가면 많은 자료들이 감성 디자인에 열정을 가진 여러분을 기다리고 있습니다.

---

[11] http://bkaprt.com/de/24
[12] http://bkaprt.com/de/25
[13] http://bkaprt.com/de/26
[14] http://aarronwalter.com/tag/emotional-design

참조

단축 URL을 순서대로 정리했습니다. 해당 전체 URL은 아래 참조 목록을 통해 볼 수 있습니다.

1장
1 http://twitter.com/rainnwilson/status/20347529530
2 http://gettingreal.37signals.com/

3장
3 http://www.flickr.com/photos/clagnut/4947389773
4 http://en.wikipedia.org/wiki/File:Bundesarchiv_Bild_146ii-732,_Erholung_am_Flussufer.jpg
5 http://www.webdesignerdepot.com/2008/12/why-mood-boards-matter/
6 http://daringfireball.net/linked/2009/04/02/designing-convertbot

4장
7 http://dribbble.com/shots/14379-Profile

6장
8 http://blog.flickr.net/en/2006/07/19/temporary-storage-glitch/
9 http://www.flickr.com/photos/14922438@N00/194463892/
10 http://www.flickr.com/photos/41225983@N00/193706751/
11 http://interactions.acm.org/content/?p=1226

7장
12 http://www.coffeecup.com/forums/search/?q=%22Guess+i+could+have+waited+for+today+if+all%22&in=81&type=contents&view=posts&search=true&button_search.x=54&button_search.y=-106&button_search=true

13 http://www.alistapart.com/articles/understandingprogressiveenhancement/
14 http://google.com/websiteoptimizer

사례집

15 http://amzn.com/1592535879
16 http://getmentalnotes.com/
17 http://amzn.com/0465051367
18 http://amzn.com/0393334775
19 http://amzn.com/014303622X
20 http://amzn.com/030746086X
21 http://amzn.com/0979777747
22 http://amzn.com/0321607376
23 http://uxmag.com/design/beyond-frustration-three-levels-of-happy-design
24 http://uxmag.com/design/the-psychologists-view-of-ux-design
25 http://uxmag.com/design/organized-approach-to-emotional-response-testing
26 http://boxesandarrows.com/view/emotional-design

인덱스

37시그널즈 11-12, 94

ㄱ

가치 제안 95, 97, 98
개성 맵 51, 53
개성 이미지 51, 52
고투미팅 103
그루폰 84
기대심리 73-74, 77, 80, 120

ㄴ

뉴트워터 75-78, 80

ㄷ

다양한 보상 84-85, 120
닷컴 버블 4
대비 29-35, 38, 61, 66-67, 91, 94
댄 몰 62
덕 바우만 28, 75
데이브 고럼 59
도널드 노먼 36, 113, 134
동안 편향 24-26, 38
드롭박스 98-100
드리블 75-76, 80

ㄹ

로버트 브링허스트 28
루이스 플레처 123
리버스 멀릿 59

ㅁ

마크 자댕 57
마크 트램멜 75
매튜 스미스 120, 122
맨디 브라운 131
메시지퍼스트 47, 49
메일침프 26, 50, 52-55, 80-87, 124-125
무드보드 52
미술공예운동 2, 3, 129
민트 93-97, 128

ㅂ

베이스캠프 11-13, 14, 94
베타브랜드 18-22, 102, 128
브랜드 개성 52, 58, 61, 121
브랜드 대비 34-35
브랜드 로열티 67
브로슈어웨어 웹사이트 101
브리즐리 26, 27
블루 스카이 레주메 120-124, 128
비용편익분석 31, 32

ㅅ

사용자 경험 디자인 15, 52, 80, 124, 135
셰익스피어 15
스카이프 103
스쿠트맙 84
스퀘어드 아이 120-121, 123
스크린 샷 75, 76, 80
스티브 잡스 37
스티브 크룩 104
스티븐 제이 굴드 26
스티키비츠 26
시각적 대비 30, 31, 34

인덱스 **139**

시각적 어휘 목록 51, 54
실버백 104
심미적-사용성 효과 36-38, 83
썰렁 모드 125

ㅇ

아미트 굽타 70
아이튠즈 9
아이폰 앱 55, 57
안토니오 다마지오 91, 134
애플 9, 37-38, 46
어조 51, 53, 59, 61, 86, 88, 110
에디 이자드 58
에린 키산 101
에이브러햄 매슬로 7, 8
에이블 디자인 121
엣시 2
요하네스 구텐베르크 43-44, 46
욕구단계이론 7, 8, 10, 49
욕구 피라미드 8, 12
우푸 13-16, 18, 20, 71-73, 128
웨이트봇 56
윌리엄 모리스 2
유튜브 52, 81
인간-컴퓨터 상호작용 36, 41, 42
인지 모형 96
인지적 대비 30, 31, 34
인터랙션 디자인 41, 65, 68
인터페이스 디자인 8, 10, 18, 37, 41, 94

ㅈ

장밋빛 효과 113
전환율 31, 59, 70, 79, 92, 121, 122-123, 127
점화 작용 79-87, 104
점진적 향상 124, 126

제러드 스풀 131
제이슨 산타 마리아 131
제이슨 퍼토티 93
제프리 젤드먼 131
존 그루버 57
존 메디나 17, 135
지메일 94
지미 스튜어트 58

ㅊ

차분기관 29
찰스 다윈 24
최소주의 94

ㅋ

카본메이드 55, 58-61
커피컵 소프트웨어 117-120, 124
컨버전 기반의 사이트 59
컨버트봇 56
케빈 헤일 15
크리스타 스티븐슨 131
킥스타터 2

ㅌ

타드 자키 워플 47
탭보츠 55-57
텀블러 31-34, 36
트위터 5, 9, 10, 26, 28, 29, 70, 72, 74-79, 83, 85, 101, 118-119, 125

ㅍ

페르소나 46, 47-55, 65, 112, 125-127, 132
페이스북 5, 9, 72, 79, 101, 118-119

포토조조 67~71, 79, 88
폭스바겐 비틀 45~46
프레디 폰 침펜하이머 4세 52, 53, 81
플리커 5, 71~72, 108~112, 128
피타고라스 28
핑 9

ㅎ

하우징 웍스 55, 61~63, 102, 128
학습 곡선 98
해피코그 62
황금비율 28, 37
휘트니 헤스 131
히카르두 메스트레 34~35, 36
힉 하이만의 법칙 33
힉 하이만 33, 38
힙멍크 10

37Signals 11
@font-face 122

A

Able Design 121
A List Apart 124
Apple 9
Arts and Crafts movement 2

B

baby-face bias 24
Basecamp 11
Betabrand 18
Blue Sky Resumes 120
Bowman, Doug 28, 75

brand loyalty 67
Brain Rules 17, 135
Bringhurst, Robert 28
brochureware website 101
Brown, Mandy 131

C

Carbonmade 55
Clippy 81
CoffeeCup Software 117
Cornelius, J. 118
contrast 29
conversion rate 31
conversion-focused site 58

D

Damasio, Antonio 91
Darwin, Charles 24
difference engine 29
Don't Make Me Think 104
dot-com bubble 4
Dribbble 75
Dropbox 98

E

Elements of Typographic Style 28
Etsy 2
Emotional Design 36, 134
Expression of the Emotion in Man and Animal 24

F

Facebook 5

fail whale 9
Fletcher, Louise 123
Flickr 5
Freddie Von Chimpenheimer IV 52

G

Getting Real 12
GigaOm 76
Google Site Optimizer 128
GoToMeeting 103
Gould, Stephen Jay 26
Gorum, Dave 58
Gruber, John 57
Gupta, Amit 70
Gutenberg, Johannes 43

H

Hale, Kevin 15
HCI 41
Hess, Whiteny 131
Hick's Law 33
Hierarchy of Needs 7
Hipmunk 10
Hodgman, John 46
Housing Works 55
HTML 4
Human-Computer Interaction 41

I

interaction design 41
iPod 28
iTunes 9
Izzard, Eddie 58

J

Jobs, Steve 37
Jardine, Mark 57

K

Kickstarter 2
Kissane, Erin 101
Krug, Steve 104

L

learning curve 98
Lindland, Chris 18
Long, Justin 46

M

Mac 37, 46, 50
Mall, Dan 62
MailChimp 50
Maria, Jason Santa 131
Mashable 76
Maslow, Abraham 7
Medina, John 17, 135
mental model 96
Mestre, Ricardo 34
Mint 93
minimalist 94
mood board 52
Morris, William 2

N

Norman, Donald 36, 134

O

Oprah Magazine 123

P

party pooper mode 125
persona 46
personality image 51
personality map 51
Photojojo 67
Ping 9
Putorti, Jason 93
progressive enhancement 124

Q

Quicken 94, 97

R

reverse mullet 59
Rosetta Stone 25
rosy effect 113

S

Silverback 104
Sims 73
Skype 103
Smith, Matthew 120, 132

Spool, Jared 131
Squared Eye 120
Stevens, Krista 131
Super Mario Brothers 74

T

Tapbots 55
Tumblr 31
Trammell, Mark 75
TurboTax 94
Twitter 5

V

value proposition 95
velvet rope 73
visual lexicon 51

W

WALL·E 57
Warfel, Todd Zaki 47
Wilson, Rainn 6
Wufoo 13

Z

Zeldman, Jeffrey 131

A BOOK APART 소개

웹디자인은 다방면의 폭넓은 지식과 고도의 집중력을 필요로 하는 작업입니다. 이 책은 웹사이트 제작자를 위한 것으로, 웹디자인과 관련된 최신 이슈와 필수적인 주제들을 멋스럽고 명료하게, 무엇보다 간결하게 다루고 있습니다. 디자이너와 개발자들은 낭비할 시간이 없기 때문입니다.

A Book Apart 책 시리즈는 까다로운 주제를 좀 더 쉽게 이해할 수 있도록 실마리를 제공하여 궁금증을 빠르게 해결해주고, 실제 작업에 활용할 수 있도록 하는 것을 목표로 합니다. 웹의 발전을 위해 전문가들에게 필요한 툴을 제공하고자 하는 우리의 의지를 성원해 주서서 감사합니다.

저자 소개

애런 월터Aarron Walter(http://aarronwalter.com)는 메일침프의 사용자 경험 수석 디자이너입니다. 이곳에서 그는 원숭이들과 친하게 지내면서 인터페이스를 좀 더 인간적으로 만드는 방법에 대해 고민하고 있습니다. 애런은 이 일을 하기 전 10년 동안 미국 전역의 대학에서 초보 웹디자이너들을 가르쳤습니다. 요즘 그는 자신의 교육에 대한 열정을 웹표준 프로젝트The Web Standards Project 의 인터액트 커리큘럼InterACT curriculum(http://interact.webstandards.org)을 통해 분출하고 있습니다. 애런은 조지아 애선스에서 아내, 아들과 함께 살고 있으며, 장래희망은 바리스타입니다.

사진: 조쉬 로젠바움Josh Rosenbaum

웹액츄얼리 발간 도서

글로벌 모던 웹디자인 트렌드
스매싱 북
스매싱 미디어 저

국내 최초 워드프레스 활용 가이드
워드프레스 제대로 파기_개정판
크리스 코이어, 제프 스타 저

아름다운 웹사이트 만들기 시리즈 ❶
웹디자이너를 위한 HTML5
제레미 키스 저

아름다운 웹사이트 만들기 시리즈 ❷
웹디자이너를 위한 CSS3
댄 시더홈 저

아름다운 웹사이트 만들기 시리즈 ❸
웹사이트를 위한 콘텐츠 전략
에린 키산 저

아름다운 웹사이트 만들기 시리즈 ❹
반응형 웹디자인
이단 마콧 저

아름다운 웹사이트 만들기 시리즈 ❻
모바일 우선주의
루크 로블르스키 저
발간 예정